Franz Ignaz Schwerdt

Über die innere Form der Horazischen Oden

Franz Ignaz Schwerdt

Über die innere Form der Horazischen Oden

ISBN/EAN: 9783743661530

Hergestellt in Europa, USA, Kanada, Australien, Japan

Cover: Foto ©Thomas Meinert / pixelio.de

Weitere Bücher finden Sie auf **www.hansebooks.com**

Über

die innere Form

der

Horazischen Oden.

Ein Beitrag

zur richtigen Auffassung des Dichters.

Von

Dr. F. I. Schwerdt,

Ausserordentl. Professor für klassische Philologie an der königl. Akademie zu Münster.

Münster,

Verlag von W. Niemann.

1868.

Die nachstehende Abhandlung war ursprünglich für eine Zeitschrift bestimmt; ihr grösserer Umfang hat mich bewogen, sie als besondere Schrift erscheinen zu lassen. Dabei wurde ihr Inhalt vermehrt, die Form konnte aus Mangel an Musse nur wenig geändert werden. Ueber den Zweck der Blätter giebt der Titel Aufschluss. Ein grosses Hinderniss, welches bislang noch der richtigen Auffassung des Horaz entgegensteht, scheint mir die unzulängliche Einsicht in die sonderbare Form seiner Gedichte. Möge der Versuch, der hier gemacht wird, es wegzuräumen, auf nachsichtsvolle Prüfung rechnen dürfen.

Münster, im December 1867.

S.

— ut quisque versum pedibus instruxit sensumque teneriorem verborum ambitu intexuit, putavit se continuo in Heliconem venisse. sic forensibus ministeriis exercitati frequenter ad carminis tranquillitatem tamquam ad portum feliciorem refugerunt, credentes facilius poema extrui posse, quam controversiam sententiolis vibrantibus pictam. ceterum neque generosior spiritus vanitatem amat, neque concipere aut edere partum mens potest nisi ingenti flumine litterarum inundata. effugiendum est ab omni verborum, ut ita dicam, vilitate et sumendae voces a plebe summotae, ut fiat „odi profanum vulgus et arceo". praeterea curandum est, ne sententiae emineant extra corpus orationis expressae, sed intexto versibus colore niteant. Homerus testis et lyrici Romanusque Virgilius et Horatii curiosa felicitas. ceteri enim aut non viderunt viam, qua iretur ad carmen, aut visam timuerunt calcare.

Petronius.

— Flaccus hat Dich vergebens gelehrt: denn Du sahst nicht,
Welchen Weg sein Entwurf nahm auf der lyrischen Bahn.

Klopstock.

— der schöne versteckte Plan, der auch die kleinste Ode des Pindar
und Horaz an einem so sonderbaren Ganzen macht.

Lessing.

Die Gedichte des Horaz haben einen eigenthümlichen Rhythmus der Composition, den der aufmerksame Leser empfindet, ohne jedoch überall sich der strengen Gesetzmässigkeit jener Bewegung bewusst zu werden. Ich sage überall: denn in einzelnen Gedichten sind die Beziehungen der Theile auf einander so am Tage liegend, dass es des Nachweises der Harmonie, die das Ganze beherrscht, für Niemanden zu bedürfen scheint. Wenn trotzdem einige Beispiele dieser letzten Art im Nachfolgenden herbeigezogen werden, so geschieht das im Interesse des Lesers, der sich im Beginn einer Abhandlung, welche Unbekanntes enthält, so glaube ich wenigstens, zu seiner bessern Orientirung nicht ungern an Bekanntes erinnern lässt. Derselbe Gesichtspunkt ist es denn auch, welcher es gerechtfertigt erscheinen lassen mag, die Entwickelung zu beginnen mit der Aufstellung einiger Sätze aus der Poetik, ohne deren Beachtung die richtige Beurtheilung von Gedichten unmöglich ist.

Man unterscheidet in jedem Kunstwerke Idee und Stoff. Die Lyrik speziell ist der Ausdruck von Empfindungen, Anschauungen, Betrachtungen, in welche der Dichter durch bestimmte Zustände, Begebenheiten, Erscheinungen versetzt wird. Diese Zustände geben den Stoff für ein Gedicht, jene Empfindungen drücken die Idee aus. Die Pindarischen Oden beispielsweise sind Festgesänge über einen Sieg, welcher einer bestimmten Person Ehre gebracht hat: aus dieser Veranlassung spricht der Dichter seine Empfindungen aus und

1

verarbeitet sie mit jener Begebenheit zusammen zu einem
Gedichte. Es sind Gelegenheitsgedichte im besten Sinne des
Wortes: in dem Sinne nämlich, wie Goethe verlangt hat,
dass jedes gute Gedicht ein Gelegenheitsgedicht sein müsse:
die allgemeine Empfindung erscheint dargestellt
als geweckt durch eine besondere Veranlassung.
Aehnlich verhält es sich mit den Gedichten des Horaz.
Fast alle sind adressirt an eine bestimmte Person und gehen
aus von einer bestimmten Veranlassung, die sich genau sondern lässt von der allgemeinen Empfindung, welche der
Dichter in seinem Stoffe ausgeprägt hat. Ein paar Beispiele
mögen das Gesagte deutlich machen. Durch die Worte:
„Der Frühling kommt und die Erde verjüngt sich zum neuen
Leben, doch unser wartet der Tod," ist beides: Idee oder
allgemeine Empfindung und Stoff oder spezielle Veranlassung
von Ode IV, 7 bezeichnet. Der stete Wechsel der Jahreszeiten (Stoff) mahnt den Dichter an die menschliche Ver-
gänglichkeit (Idee).

Der Stoff ist überall das mehr sinnliche, zufällige, die
Idee dagegen das mehr geistige, allgemeine Element der
Dichtung. Es zeigt ein merkwürdiges Verkennen beider,
wenn man gesagt hat, den Grundgedanken von Ode I, 3
bilde die Abreise des Vergilius, anstatt darin nur den Aus-
gangspunkt zu sehen, welchen Horaz im Schwunge seiner
Begeisterung nimmt, um ein selbständiges Kunstwerk zu ge-
stalten, dessen allgemeine Bedeutung vielmehr eine Schilderung der menschlichen Vermessenheit ist. Wie Ode IV, 7
an den Wechsel der Jahreszeiten, so knüpft Ode I, 4 an
das Erscheinen des Frühlings an. Die Worte: „Vorbei ist
der Winter, es kehrt der Frühling; geniesset das Leben, so
lange es vergönnt ist," geben Idee und Stoff des Gedichtes.
Idee nämlich ist die Aufforderung zum frohen Genusse des
Lebens. Beide Gedichte, die ihrem Charakter nach freilich
weniger der Oden- als der Liederpoesie beizuzählen sind,
dürfen mit Recht für Perlen der Horazischen Lyrik erachtet

werden. Sie haben etwas Volksthümliches, insofern das An-
lehnen an bekannte Naturerscheinungen besonders der Volks-
lyrik geläufig ist, mit der sie überdies den Vorzug theilen,
allgemein verständlich zu sein. Den schönen Rhythmus ihrer
Composition können wir nicht besprechen, ohne zuvor einen
Blick auf die Gedichte selbst geworfen zu haben. Ode IV, 7
lautet in wortgetreuer Uebersetzung:

> **Hin** ist geschwunden der Schnee, schon kehrt das Gras den Gefilden,
> Und den Bäumen das Laub;
> Wechselnd erneuet die Erde sich, und es gleiten die Flüsse
> Ruhig die Ufer entlang.
> 5 Nymphen gesellet, gesellt zwei Schwestern, wagt die Charitin
> Nackend zu schlingen den Tanz.
> Hoff' Unvergänglichkeit nicht, so mahnet das Jahr und die Stunde,
> Raffend den gütigen Tag.
> Zephyre schmelzen das Eis, den Frühling verdränget der Sommer,
> 10 Selbst zu entschwinden bestimmt,
> Wenn obstspendend der Herbst ausschüttet die Früchte, und bald kehrt
> Träge der Winter zurück.
> **Doch** schnellwandelnde Monde ersetzen des Himmels Verluste:
> Wir — dahin einmal gelangt,
> 15 Wo vor uns Aeneas, wo Tullus hinging und Aucus,
> Staub dann und Schatten sind wir.
> **Wer** weiss, ob die Stunden von morgen zur heutigen Summe
> Himmlische Götter verleihn?
> Alles entgehet den gierigen Händen des Erben, was eig'nem
> 20 Herzen du gütlich gethan.
> Bist Du einmal todt und hat Minos über Dich dann sein
> Feierlich Urtel gemacht,
> Führt Abstammung Dich nicht, Torquatus, nicht Rednertalent, nicht
> Fromme Gesinnung zurück.
> 25 Denn auch Diana befreiet den keuschen Hippolytus nicht aus
> Tartarus' düsterem Reich,
> Noch sprengt Theseus' Gewalt die Lethäischen Fesseln, ach, seinem
> Theuren Pirithous je. ')

Hätte das Alterthum den Gebrauch von Ueberschriften
gekannt, in denen unsere Zeit so glücklich ist, das kürzeste
Hülfsmittel einer richtigen, weil von den Dichtern selbst in-

dicirten, Auffassung der Gedichte zu besitzen, so würde
Horaz vorstehende an Manlius Torquatus gerichtete Ode
gewiss **Wechsel der Jahreszeiten** überschrieben haben,
hinweisend nämlich auf den Stoff des Gedichtes, der die
Idee zugleich mitdurchscheinen lässt. Eine etwas verschiedene Wendung nimmt die zweite an das Erscheinen des
Frühlings anknüpfende Ode I, 4, die wir **Frühlingsfeier**
betiteln wollen. Sie ist gerichtet an Sestius und lautet fol-
gendermassen:

> **Strenge** des Winters zerrinnt, hold kehret der Lenz, es kehrt
> der Zephyr,
> Die trocknen Kiele rollt vom Strand die Walze;
> Weder behagt sich das Vieh in den Stallungen, noch am Heerd der
> Pflüger,
> Nicht schimmert mehr vom Silberreif die Wiese.
> 5 Schon führt Venus den Reigen, Cythere, beglänzt vom Licht der Luna,
> Und Grazien hold, mit Nymphen froh vereinet,
> Treffen mit wechselndem Fusse den Boden, indess Vulkanus glühend
> Entflammet der Cyclopen grause Werkstatt.
> **Jetzo** geziemt's zu bekränzen das glänzende Haupt mit grüner
> Myrthe,
> 10 Mit Blumen, die der lockern Erd' entspriessen;
> Jetzt auch ein Opfer zu bringen dem Faunus geziemt's in schatt'gen
> Hainen,
> Er fordr' ein Schäfchen oder wähl' ein Böcklein.
> **Bleich** tritt alle der Tod an: niedrigen Hütten pocht er, pocht an
> Der Kön'ge Burgen. O beglückter Sestius,
> 15 Unseres Lebens Spanne verbietet den Anfang langer Hoffnung.
> Bald birgt Dich Nacht, das Schattenreich der Manen,
> Und die Plutonische öde Behausung. Wann dort Du hingelangtest
> Erlos'st Du nicht mit Würfeln Weinesherrschaft,
> Noch entzückt Dich der zarte Lycidas, dem jetzt alle Jugend
> 20 Erglüht, und bald der Mägdlein Herzen schlagen.

Man bemerkt leicht die strenge Regelmässigkeit der Anordnung beider Gedichte. Der Bau von Ode I, 4 wird mit
Rücksicht auf die Anzahl der Verse am kürzesten ausgedrückt
durch die Formel: 8 + 4 + 8. Und zwar enthalten die ersten

acht Verse die Anregung zum Gedichte, die mittleren vier
schildern den Eindruck, den die Erscheinung des Frühlings
in·der Seele des Dichters hervorgebracht hat, während die
letzten·acht Verse die Motivirung enthalten. Die Erinnerung
an den Tod ist es, durch welche Horaz, der Sitte seiner
Zeit folgend, die Aufforderung zum Lebensgenusse begründet
sein lässt. Das Gedicht ist eigentlich nichts anderes, als die
Umbildung eines sehr volksthümlichen Gedankens, dessen
kürzeste Fassung wir bei Persius:

> indulge genio, carpamus dulcia: nostrum est
> quod vivis; cinis et manes et fabula fies;

und etwas erweitert bei Petronius finden:

> ·eheu nos miseros, quam totus homuncio nil est.
> sic erimus cuncti, postquam nos auferet Orcus.
> ergo vivamus, dum licet esse bene.

Die drei Theile der Ode sind auf das engste verflochten und
mit einer Regelmässigkeit ausgeführt, die klar genug aus
der für den ganzen Bau aufgestellten Formel erhellt. Dieselbe Anordnung der Haupttheile zeigt Ode IV, 7 nach der
Formel: 12 + 4 + 12. Den Anfang bildet die Veranlassung
des Gedichtes, das Mittelstück enthält die Idee, der Schluss
ihre Ausdeutung. So ähnlich beide Gedichte aber auch ihrem
Inhalte und ihrer Form nach sind, so ist doch, wie schon
angedeutet wurde, die poetische Wendung verschieden, welche
der Dichter in dem einzelnen Falle seinem Stoffe gegeben hat.
Und zwar ist diese Wendung in beiden Gedichten deutlich
gekennzeichnet durch ihre Mittelstellung zwischen
zwei ganz gleichen Theilen.

Die letzte Beobachtung darf nicht ausser Acht gelassen werden bei der Erklärung. Den gleichen dreitheiligen Bau z. B.
zeigen Ode I, 3 und Ode I, 28, dort mit der Formel: 16 + 8 + 16,
hier mit der Formel: 16 + 4 + 16. Natürlich kann diese letzte
Ode, so viel man auch gestritten hat, vermöge ihrer Archi-

tectonik, nur ein Monolog, kein Dialog sein. In der Mitte
steckt der Kerngedanke, der zur Ueberschrift führt: **Unser
aller Verhängniss.** Die Situation des Gedichtes ist folgende: „Das Gebein des im Meere ertrunkenen Archytas,
grablos am verlassenen Strande liegend, wird angeredet von
Archytas' Schatten, den es nach dem Frieden des Grabes verlangt." Die Mittelwendung hat Klopstock in seiner schönen
Ode an G i s e k e nachgeahmt, woher ich die Ueberschrift
entlehne. Aber man wird den Unterschied nicht übersehen,
der in beiden Gedichten in Betreff der Grundidee herrscht.
Bei Horaz ist unser aller Verhängniss der Tod, bei Klopstock die Trennung. Uebrigens sind dies Gedichte, in denen
der Rhythmus der Composition so zu sagen klar am Tage
liegt, und deren Betrachtung nur vorbereiten soll auf andere kunzvollere Formen, deren Feststellung grösseren Schwierigkeiten unterliegt. [2])

Aber auch die Scheidung von Idee und Stoff ist nicht
immer ganz leicht. Eine wenig dehnbare Vorstellung, welche
man von diesen beiden Elementen hat, lässt im Gegentheil
nicht selten die gewünschte Analyse eines Gedichtes schei-
tern. Beide Ausdrücke müssen, um damit operiren zu
können, in ihrer allgemeinsten Bedeutung genommen werden.
Unter Stoff ist schlechtweg jeder Vorwurf, jede Unterlage
eines Gedichtes zu verstehen — eine Stimmung, ein Ent-
schluss kann Stoff für ein Gedicht werden —, Idee dagegen
wird ganz allgemein die Beziehung genannt, welche der
Dichter dem Stoffe gibt, oder die Vorstellung, von welcher
er bei der Behandlung desselben ausgeht. Ein Beispiel der
Art wird uns Ode II, 20 liefern. Die Stimmung, welche
dieser Ode zu Grunde liegt, lässt sich ausdrücken durch
die Worte:

> Ich fühle Kraft zu kühnem Fleisse,
> Erstaunenswürd'ges soll gerathen.

Diese Stimmung wird in ein Bild voller Leben und Wahrheit,
eine Allegorie umgesetzt: in einen Schwan verwandelt fliegt

Horaz über alle Hindernisse hinweg den fernsten Ländern zu. Die dem Gedichte zu Grunde liegende Idee lässt sich andeuten durch die Ueberschrift: **Die Bahn des Sängers.** In Worten ausgedrückt würde sie lauten: „Der Dichter fliegt über Räume und Zeiten hinweg der Zukunft entgegen, die ihm gehört, weil er kühn genug ist, das Leben der Gegenwart dafür einzusetzen." Dieser Gedanke ist die unmittelbare Idee, jene Stimmung der unmittelbare Stoff, aber im Gedichte selbst erscheinen beide vermittelt durch die Form der Allegorie.

Je inniger die Verbindung von Idee und Stoff, je besser das Gedicht. Dichten heisst, wie Horaz selbst sagt, Ideen (communia) concret (proprie) darstellen. In der Darstellung erst zeigt sich der Künstler. Das führt zur Betrachtung der Form als der Hauptsache im Kunstwerke.

> Aus der schlechtesten Hand kann Wahrheit mächtig noch wirken,
> Bei dem Schönen allein macht das Gefäss den Gehalt.

Die Idee ist ein Lichtgedanke, der auf einen beliebigen Stoff fällt, so dass sich der Dichter entschliesst, ihn zu bearbeiten. Die Form ist die Vermittlung von Idee und Stoff, aber es muss unterschieden werden zwischen äusserer und innerer Form. Die äussere Form, welche den Gedankenausdruck betrifft, bildet den Leib, die innere Form, welche die Gedankenanordnung betrifft, die Seele der Dichtung.

> Bild lebendiger Einsamkeit,
> Schwebe näher! Sie ist, die sie war,
> Da ich einst sie genoss, da ich voll Gluth
> Dichtete, ordnete,
> Seelen gab dem Erfundenen,
> Ihnen tönenden Leib.

Die Gedankenanordnung geht voraus dem Gedankenausdruck. Es ist der Geist, der sich den Körper baut. Und wie der Geist den Körper durchdringen muss, damit eine menschliche

Gestalt entstehe, so muss die Idee den Stoff durchdringen, soll ein Gedicht entstehen. Die Idee wird Disposition, der Stoff wird Ausdruck. Die Disposition der oben besprochenen Ode II, 20 lautete, ehe das Gedicht selbst zu Stande kam, in der schöpferisch bewegten Seele des Dichters, in die wir gezwungen werden uns bei der Analyse zurück zu versetzen, ungefähr also:

1. Auf Flügeln, o Wunder! schwing ich,
   ein Sänger, mich auf, über alles Gemeine

2. am Aether hin. Ohne Ahnen, ohne Erdenglück,
   mit nicht zu dämpfendem Sinn.

3. Und ein Flügelpaar faltet sich los!

4. Und hört ihr donnern auf dem Meere? Nun
   fort, unbegrenzten Muths!

5. Dort eröffnet sich zum ew'gen Ruhm die Bahn.

6. Keine Klagen, keine Ehren der Gestalt, in der
   ich sterbe! Der Sänger gehört ihr nicht.

Es ist möglich, dass Horaz bei der Conception dieser Ode ein paar Verse des Ennius vor Augen gehabt hat:

nemo me lacrumis decoret nec funera fletu
faxit. cur? volito vivus per ora hominum.

Die letzte Strophe wenigstens erinnert an den ersten Gedanken dieses Epigramms. Aber eine Nachbildung desselben darf man unser Gedicht kaum nennen. Dramatisch umgebildet dagegen hat die Ode des Horaz Goethe im zweiten Theile des Faust, dort wo Euphorion (der Name erinnert an *nec usitata nec tenui ferar*) sich in die Lüfte wirft und der Chor mahnend sein: Ikarus! Ikarus! ruft. Zur Erläuterung der Scenerie ist hinzugefügt: „Ein schöner Jüngling stürzt zu der Eltern Füssen, man glaubt in dem Todten eine bekannte Gestalt zu erblicken, doch das Körperliche verschwindet sogleich, die Aureole steigt wie ein Komet zum Himmel auf,

Kleid, Mantel und Lyra bleiben liegen". Mit diesen Worten
deutet der dramatische Dichter die Darstellung dessen an, was
bei Horaz den Inhalt der letzten Strophe bildet. Die Worte
der Disposition: „und hört ihr donnern auf dem Meere?"
versinnbildlichen die Gefahren, welche dem Sänger auf seiner
Bahn begegnen. Ihnen gegenüber gilt es Muth zu haben,
desshalb *iam Daedaleo fortior Icaro*, wie ich' für das fehler-
hafte *ocior* schon früher vermuthet habe. Gleich gut indess
dürfte das von Bentley vorgeschlagene *tutior* sein; die Ca-
menen, die ihn begleiten, schützen den Dichter, ein Gedanke,
der oft wiederkehrt. Cfr. III, 4, 29—36 und I, 22, 1—8.
Wie die Disposition ausgeführt ist, zeigt das Gedicht, von
dem die folgende Uebersetzung eine Vorstellung, nicht mehr,
zu geben versucht. Alle Poesie ist schwer übersetzbar, am
schwersten aber die Lyrik. Die Erzählung, die das Herz
des Hörers spannt, der Bericht, der die That begleitet, beide
lassen sich eher wiedergeben, als die Empfindung des Lyrikers,
die wesentlich am Worte haftet. Aber versuchen wir es dennoch, da es sich für unsere Betrachtung mehr um die innere
als um die äussere Form handelt.

Die Bahn des Sängers.

An Mäcenas.

1. **Auf** Flügeln, ungewöhnt und mächtig, werd' ich, zwiegestaltig,
durch den hellen Aether hin, mich schwingen, ein Sänger, und
nicht auf Erden weilen länger, und hinter mir, über jeden Neid
erhaben,

2. lassen die Städte. Nicht werd' ich, armer Eltern Blut, nicht werd'
ich, Dein Gast, geliebter Mäcenas, den Tod seh'n, und nicht um-
ringt von stygischer Fluth werden.

3. **Schon,** schon faltet zusammen sich schwielig der Schenkel Haut,
und in einen weissen Schwan wandl' ich mich aufwärts, und durch
Schulter und Arme hindurch dringt glattes Gefieder.

4. Schon werde ich, höheren Muths als der dädalische Ikarus, schauen
des Bosporus brausende Gestade, und Afrika's Sandwüsten, ein
tönender Schwan, und der Hyperboreer Gefilde.

5. **Mich** wird der Kolcher und, der keine Furcht kennt vor Marser-
truppen, der Daker feiern und die Gelonen in weitester Ferne,
mich der musenkundige Ibere lernen, und wen der Rhodanus tränkt.

6. Fern bleibe eitlem Begängniss Todtengesang und Trauer und ent-
stellende Klagen. Hemme den Wehlaut und unterlass auch des
Grabes überflüssige Ehren.

Nicht die Prophezeihung seines Nachruhms, wie man anzunehmen pflegt, ist der Hauptgedanke dieses Gedichtes,
sondern der ungewöhnliche Aufschwung selbst ist es, den
mit einem Male des Dichters Muse nimmt. Diesem Auf-
schwunge folgt der Ruhm wie von selbst nach. Das Gedicht
ist, wie wir beiläufig bemerken, nicht der Epilog zum zweiten,
sondern trotz seiner Stellung am Schlusse des vorhergehenden
Buches eigentlich der Prolog zum dritten Buche, und leitet
eine neue Periode der Horazischen Dichtung ein. Ein neues
Element hat der Dichter von da an in seine Poesie aufgenommen, das Didactische in der Form der Gnome, aber
nicht, wie wir gewohnt sind die Gnome auftreten zu sehen,
vereinzelt erscheint sie und einen ruhigen betrachtenden Ton
wahrend — diese mehr beschauliche Dichtart herrscht im
zweiten Buche vor —, sondern der Dichter operirt mit Massen,
und seine Muse nimmt einen lehrhaft erregten, dithyram-
bischen Charakter an. Man vergleiche II, 19, ein Gedicht,
das ebenso wie III, 25 dieser Stimmung angehört, deren
Durchbruch in das Jahr 725 a. u. c. oder 29 v. Chr. fällt.
Das Hauptproduct dieser hocherregten, fast priesterlich feier-
lichen Stimmung ist der Cyclus der sechs ersten Oden des
dritten Buches, die man passend politische Oden genannt hat,
weil der gemeinsame Grundton, der alle beherrscht, eben
die Rücksicht des Dichters auf das Wohl des Staates ist.
Mit der Auffassung von II, 20 stimmt denn auch der einfache und schöne Bau dieser Ode überein: ihr Anfang enthält die Verheissung, die Mitte schildert die Ausführung, der
Schluss die Folge. Die 24 Verse des Gedichtes ordnen sich
nach der Formel: $8+8+8$. Gleich untadelhaft ist der Ausdruck oder die äussere Form dieser Ode.

Ein Lob der äusseren Form überhaupt ist die Correctheit: in ihr zeigt sich der Geschmack des Dichters, aber das Genie offenbart sich in der inneren Form, die den Stoff nach den Gesetzen der nothwendigen Einheit und Mannigfaltigkeit, der Symmetrie und Proportion, der Parallele und des Contrastes läutert und gliedert. Der äusseren Form liegt eine Regel zu Grunde: der Geschmack ändert sich und mit ihm die Regel: der inneren Form liegt ein Gesetz zu Grunde: darauf beruht ihre Kraft, die keinem Streite unterliegt. Grosse Dichter kündigen sich gewöhnlich durch die Meisterschaft an, mit der sie nicht selten unter Vernachlässigung der äusseren Form die innere handhaben. Schiller, der selbst in seinem Erstlingswerke, den Räubern, das Beispiel einer grossartigen Composition gegeben hat, ohne in seiner äusseren Darstellung den Geschmack gebildeter Leser befriedigen zu können, wirft die Frage auf, warum äussere und innere Form, oder, wie er sagt, Geschmack und Genie sich so schwer vereinen, und beantwortet sie dahin, dass der Geschmack die Kraft fürchte, das Genie aber die Regel verachte. Aber es versteht sich von selbst, dass der vollendete Dichter sein Augenmerk gleich sehr auf die Disposition als auf den Ausdruck zu richten hat. Eine schöne Gestalt ist dadurch bedingt, dass ein schöner Geist in einem schönen Körper wohnt: ein schönes Gedicht dadurch, dass die innere und äussere Form ein schönes Ganzes machen. Freilich ihre glückliche Vereinigung ist schwer, und nicht selten unterscheiden sich die Dichter gerade in diesem Punkte von einander. Dabei ist charakteristisch, dass die Künstler der äusseren Form sich gern auf die Bildner in Erz und Stein berufen — wie gehauen, wie gestochen sind ihre Metaphern —, während die Künstler der innern Form ihr Schaffen mit dem eines Architecten vergleichen. Platen's antik geformte Verse kennzeichnen die Vorliebe dieses Dichters für den Ausdruck: seine Gedichte sind glatt wie Marmor, aber nicht selten auch kalt wie Marmor, deshalb weil ihnen vielfach die innre Form, die Seele fehlt. Klopstock hat mehr Kraft als Platen: er hat

wie kein anderer Dichter seiner Zeit über das Wesen der
inneren Form nachgedacht und der „Maassbestimmung" sogar
eine besondere Ode gewidmet:

> Hört uns o Schatten! Himmelan steigen wir
> Mit Kühnheit. Urtheil blickt sie und kennt den Flug.
> Das Maass in sicherer Hand, bestimmen
> Wir den Gedanken und seine Bilder.

Und an einer anderen Stelle:

> Genau das Maass nicht gedacht und der Umriss
> Rundet sich nicht mit der Biegung, der es glücket.
> Ohne Messung gelang selbst Venus'
> Gürtel den Grazien nicht.

Maass und Messung sind es ja zumeist, die den Baukünstler
charakterisiren. Er prüft in erster Reihe nicht das Wie und
den Stoff der geschauten Dinge, sondern die Verhältnisse ihres
Umfanges, Tiefe, Höhe, Breite. Uebereinstimmend also damit ist das Schaffen der grossen Dichter. Wen wird es Wunder
nehmen, dass die Schönheit der inneren Form einer Ode
arithmetischen Verhältnissen entspricht, dass die Vorzüge
und Fehler derselben sich auf Zahlen zurückführen lassen?
**Und dies ist es, was für Horaz gezeigt werden
soll, indem wir bemüht sind, die Architectonik
seiner Gedichte, so weit wir vermögen, klar an
den Tag zu stellen.**
Ich beginne mit Ode I, 5. In wortgetreuer Uebersetzung,
die, ohne ängstlich dem Metrum zu folgen, nur den Rhythmus
festzuhalten sucht, in dem das Ganze verläuft, lautet dies
Gedicht:

1. **Wer** auf rosigem Pfühle umschlingt, ein feiner Knabe,
   Dich, besprengt mit köstlicher Salbe,
   Pyrrha, in lieblicher Grotte?
   wem flichst auf Du das blonde Haar

2. einfachen Schmuckes? **Ach,** wie wird Treubruch der
   oft noch klagen und gewandelte Götter, und
   ergrimmt von schwarzen Stürmen
   anstaunen das Meer mit Befremdung,

3. der jetzo Deiner sich freut, trauend dem Goldkinde,
der Dich immer frei, immer zärtlich hofft,
unkundig, wie Lufthauch trugvoll
täuschet. **O unglücklich,** denen

4. unversucht Du glänzest! Ich, wie der Tempelwand
Weihtäflein kündet, habe durchnässtes
Gewand zum Danke aufgehängt
dem mächtigen Meergotte.

Der Bau dieser aus 16 Versen bestehenden Ode entspricht
der Formel:

$$4\tfrac{1}{2} + \tfrac{1}{2}\, 6\tfrac{1}{2} + \tfrac{1}{2}\, 4.$$

Man beachte, dass die Strophenbildung völlig aufgehoben ist
durch die Gedankenbewegung, wie denn der Widerstreit
beider, um diese für die Analyse der Horazischen Gedichte
nicht unwichtige Bemerkung gleich hier zu machen, überhaupt ein charakteristisches Merkmal der Odenpoesie im Gegensatze zur Liederdichtung ist. Zum Beweise dafür, dass
die aufgestellte Formel ganz genau der Architectonik der
Ode entspricht, muss es mir gestattet sein, den lateinischen
Text der obigen Uebersetzung folgen zu lassen.

> **Quis** multa gracilis te puer in rosa
> perfusus liquidis urguet odoribus
> grato, Pyrrha, sub antro?.
> cui flavam religas comam
>
> 5   simplex munditiis? **heu** quotiens fidem
> mutatosque deos flebit et aspera
> nigris aequora ventis
> emirabitur insolens,
>
> qui nunc te fruitur credulus aurea,
> 10 qui semper vacuam, semper amabilem
> sperat, nescius aurae
> fallacis. **miseri,** quibus
>
> intemptata nites! me tabula sacer
> votiva paries indicat uvida
> 15 suspendisse potenti
> vestimenta maris deo.

In der Aufstellung von Ueberschriften haben wir bereits früher ein kurzes Hülfsmittel der Erklärung erkannt, von dem ich im Verlaufe dieser Abhandlung, die es sich natürlich versagen muss, auf die Erklärung besonders einzugehen, wiederholt Gebrauch machen werde. Der Reiz eines Gedichtes wird erhöht durch die richtige Erkenntniss dessen, was der Dichter dabei beabsichtigt hat. Die eigentliche Absicht dieses Gedichtes war, ein Weh! Weh! zuzurufen den unerfahrenen Liebhabern der trugvollen Pyrrha, aber, schalkhaft wie Horaz, der seine Absicht zu verstecken sucht, wählen wir als Ueberschrift: **Die schlichte Pyrrha.** Man wird dazu veranlasst durch das bedeutungsvoll gestellte *simplex munditiis* am Ende der ersten Periode, womit das ebenso gestellte *fallacis* am Ende der zweiten Periode seltsam genug contrastirt. Das Mittelstück ($\frac{1}{2}6\frac{1}{2}$) enthält den Hauptgedanken des Gedichtes.

Ich setze Leser voraus, die weniger leichtgläubig sind als die Liebhaber der blonden Pyrrha: der eine und der andere von ihnen schüttelt misstrauisch den Kopf über diese Spitzfindigkeiten, wie er meint, einer neuen Theorie. Doch ich bin in der glücklichen Lage, den Dichter selbst als Zeugen anführen zu können für die Richtigkeit meiner Auffassung. Einen völlig gleichen Bau nämlich wie Ode I, 5 zeigt Ode I, 34, die im Urtexte also lautet:

> **Parcus** deorum cultor et infrequens,
> insanientis dum sapientiae
> consultus erro, nunc retrorsum
> vela dare atque iterare cursus
>
> 5   cogor relictos. **namque** Diespiter,
> igni corusco nubila dividens
> plerumque, per purum tonantis
> egit equos volucremque currum,
>
> quo bruta tellus et vaga flumina,
> 10   quo Styx et invisi horrida Taenari
> sedes Atlanteusque finis
> concutitur. **valet** ima summis

mutare et insignem attenuat deus,
obscura promens; hinc apicem rapax
15 Fortuna cum stridore acuto
sustulit, hic posuisse gaudet.

Die Gedankenanordnung der vostehenden Ode ist gleichfalls dreitheilig und ebenso lautet übereinstimmend mit I, 5 wieder die Formel, wodurch wir ihren Bau ausdrücken: $4^1/_2 + ^1/_2\, 6^1/_2 + ^1/_2\, 4$. Der verschiedene Ton beider Gedichte dagegen ist bedingt durch die Verschiedenheit des Versmaasses. Für I, 34 hat der Dichter Alcäen gewählt, ein Metrum, welches, wie Klopstock sich ausdrückt, selbst für den Schwung eines Psalms noch tönend genug wäre. Er läuft da, wie ebenderselbe weiter bemerkt, am öftersten mit dem Gedanken in die andere Strophe hinüber, weil es, so zu verfahren, dem Enthusiasmus des Ohres und der Einbildungskraft gemäss ist; da jenes oft noch mehr als die poetische Periode, die nur in eine Strophe eingeschlossen ist, verlangt, und diese den Strom des schnell fortgesetzten Gedankens nicht selten fordert. Hören wir die Uebersetzung:

1. **Sparsam** im Dienst der Götter und träge stets,
   wo ich, in unsinnige Weisheit verrannt,
   Irrwegen folgte, zwingt's mich jetzo, wendend
   die Segel, zurückzuwandeln

2. verlass'ne Bahnen. **Sieh'** Diespiter, der
   zückenden Strahls das Gewölk zerriss
   noch immer, durch's Licht hin trieb er
   sein Donnergespann, seinen Flügelwagen,

3. dem dumpf der Erdball, schweifende Ströme rings,
   dem auch der Styx, am Tänaros tiefverhasst die
   Grauenwohnung, und der weitentrückte
   Atlas erbebt. **Es vermag** das Hohe

4. mit Nied'rem zu tauschen und schwächend den Starken
   zieht hervor das Dunkle die Gottheit; dort die Krone
   mit raffender Hand riss schwirrenden Flugs hinweg
   Fortuna, hier nach Gefallen sie niederlegend.

Die Ueberschrift von Ode I, 34 ist durch das dem *simplex munditiis* Ode I, 5, 5 analog gestellte *cogor relictos* v. 5. angedeutet. Aber auch hier ist die durch jene Worte an die Hand gegebene Betitelung **Die Bekehrung** nicht ernst gemeint. Die zweite Periode enthält die Idee: „Ein Blitz aus heiterm Himmel". Dieses Naturphänomen, worauf Lessing schon hingewiesen hat, ist es eigentlich, was den Dichter interessirt; desshalb im Haupttheile ($^1/_2 6^1/_2$) dargestellt. Man beachte noch, dass der gleiche Bau beider Gedichte sogar eine ganz gleiche Formirung der Hauptperiode veranlasst hat: I, 5 *qui — qui* v. 9 und 10 und I, 34 *quo — quo* v. 9 und 10. So geringfügig dergleichen Dinge zu sein scheinen, so wird ihre Beobachtung uns doch an einer andern Stelle vielleicht wieder zum Vortheil gereichen. Jedenfalls ist es gut, nachdem wir einmal eingedrungen sind in die Werkstätte des Dichters, nichts von alle dem unbeachtet zu lassen, was sich freiwillig unsern Blicken zeigt. Vorläufig kann es sich nur um die Nachweisung anderer Gedichte handeln, die ähnlich kunstvoll gebaut sind. Erst die Menge der Beispiele kann die leicht aufkommende Vermuthung widerlegen, dass da, wo ich strenge Regelmässigkeit und bewusste Gesetzmässigkeit annehmen zu müssen glaube, vielleicht gar der blinde Zufall walte. Die Ode I, 37 ist eine der frühesten (bekanntlich geschrieben im Herbst 724 a. u. c. 30 v. Chr. nach der Nachricht vom Tode der Cleopatra) und insofern ein interessanter Beleg für die künstlerische Entwickelung des Dichters. Denn wenn irgendwo, so lernen wir hier begreifen, dass Horaz — und dies nehmen wir für ein Zeichen seiner wirklich grossen poetischen Begabung — schon in seiner ersten Periode eine Meisterschaft der inneren Form besass, während die äussere Form wenigstens theilweise, wie gerade die nähere Betrachtung des angeführten Gedichtes zeigen kann, verhältnissmässig mangelhaft ist. Man höre die Uebertragung:

1. **Jetzt** muss getrunken, jetzt mit freiem Fusse
gestampft die Erde werden; jetzt mit der Salier
Festgelagen zu schmücken den Tisch der
Götter, wäre die Zeit gewesen, Genossen:

2. vordem ein Unrecht, herabzuholen Cäcuber aus
urväterlicher Kammer, so lange dem Capitol
die Königin wahnsinnigen Hinsturz und
Untergang dem Reiche drohte

3. sammt der befleckten Schaar durch Geilheit
geschändeter Männer, sie die sich vermass
alles zu hoffen und von süssem Glücke
berauscht war. **Doch** es minderte die Wuth,

4. als unversehrt kaum ein Schiff vom Feuer blieb,
und den durch Mareoterwein aufgeregten Sinn
führte zu gegründeter Besorgniss zurück
Cäsar, der die von Italien fliehende

5. hart mit Rudern bedrängte, wie ein Habicht
zarte Tauben oder den Hasen der rasche
Jäger auf den Gefilden der schneeigen
Hämonia, mit Bauden zu binden

6. das **verhängte Schrecksal. Die** aber, trachtend
nach ruhmvollerem Ende, bebte weder vor dem
Schwerte zurück, noch missbilligte sie
auf schneller Flotte versteckte Küsten,

7. wagend auch, die gestürzte Königsburg zu schauen
heiteren Antlitzes, muthbeseelt auch, grimmige
Schlangen zu greifen, dass mit ihrem Körper sie
eintränke das schwarze Gift,

8. durch mit Bedacht gewählten Tod mehr Trotz noch bekundend:
sie die auf mitleidlosen Liburnerschiffen nicht
wollte, eine entthronte Fürstin, entsandt
— kein niedriges Weib! — zum stolzen Triumphe werden.

Ueberschrift: **Das verhängte Schrecksal.** [3]) Den Bau
der Ode drückt die Formel aus: $11\frac{1}{2} + \frac{1}{2} 8\frac{1}{2} + \frac{1}{2} 11$. Und
zwar hat der Dichter, ohne abzusetzen, die drei Theile des
Gedichtes schön in einander verwebt, so zwar dass auch hier

wieder die gewählte Strophenform völlig aufgehoben erscheint
durch den grossartigen Gedankenrhythmus — ganz entsprechend dem höheren Schwunge der Ode, dieser vollentfalteten
Blüthe gereifter Lyrik, gegen welche das Lied gehalten den
Blumen vergleichbar ist, wie sie im ersten Frühjahr „der
lockern Erd' entspriessen". Das Lied, um einmal die Gegen-
sätze beider genauer anzugeben, so schwer es auch sein mag,
in jedem einzelnen Falle zwischen Lied und Ode eine strenge
Grenze zu ziehen, ist, wie man nicht mit Unrecht gesagt hat,
das Stillleben der Seele, daher ohne jähe Sprünge in der Darstellung, in einem gewissen sanften ebenmässigen Verlaufe, mit
treuer Durchführung der einmal gewählten Strophenform. Dagegen die Ode entspringt nicht so sehr dem Gefühle, als der
Begeisterung, und diese kennt keine Schranken der Form. Die
Gluth der Leidenschaft greift kühn über das Maass des Gewöhnlichen hinweg und es bekundet eben die Herrschaft des
Gedankens über die Form, dass dieser nicht regelmässig mit
einer Strophe abzuschliessen braucht, sondern häufig ihrer
nicht achtend sich noch in die folgende Strophe erstrecken
kann, um am Anfange oder in der Mitte derselben zu Ende
zu gelangen, wenn er es nicht vorzieht, gar durch mehrere
Strophen hindurch zu gehen.[4]) Aber frei und gesetzlos, wie
der ganz dem Taumel bacchantischer Lust hingegebene Di-
thyramb ist darum die Ode doch nicht. Ihre Ungebundenheit
ist nur eine scheinbare, in Wirklichkeit gehorcht gerade die
Odenpoesie den Gesetzen einer so strengen Composition, dass
es uns fast überrascht zu sehen, wie regelmässig im Einzelnen
die Architectonik ihrer Gebilde ist. Unbemerkt ist diese auf-
fallende Regelmässigkeit der Form bei Horaz nicht geblieben.
Schon Lessing spricht gelegentlich von „einem schön versteckten
Plane", der auch die kleinste Ode dieses Dichters zu „einem
so sonderbaren Ganzen" mache, und Klopstock weiss nicht
genug die Ründe, das Ebenmaass, die Harmonie zu rühmen,
wodurch sich nach seinem Urtheil die Horazischen Gedichte
auszeichnen. In welchem Grade muss es dem Dichter gelungen

sein, und das ist ja eine Regel für den Künstler, die Kunst zu
verbergen, wenn solche Meister der Forschung nicht einmal
die Technik ganz zu durchblicken vermochten, welche Horaz
befolgt hat. Wir wissen vorläufig, dass es eine Zahl ist, auf
der die geheimnissvolle Architectonik seiner Poesie beruht.
Oder wird man noch Bedenken tragen, auch hier diese That-
sache zuzugestehen, wenn man den lateinischen Text mit der
Formel verglichen hat? Die Ode I, 37 lautet:

Nunc est bibendum, nunc pede libero
pulsanda tellus, nunc Saliaribus
ornare pulvinar deornm
tempus erat dapibus, sodales:

5 antehac nefas depromere Caecubum
cellis avitis, dum Capitolio
regina dementes ruinas,
funus et imperio parabat

contaminato cum grege turpium
10 morbo virorum, quidlibet impotens
sperare fortunaque dulci
ebria: **sed** minuit furorem

vix una sospes navis ab ignibus
mentemque lymphatam Mareotico
15 redegit in veros timores
Caesar ab Italia volantem

remis adurguens, accipiter velut
molles columbas aut leporem citus
venator in campis nivalis
20 Haemoniae, daret ut catenis

fatale monstrum: **quae** generosius
perire quaerens nec muliebriter
expavit ensem nec latentes
classe cita reprobavit oras,

25 ausa et iacentem visere regiam
voltu sereno, fortis et asperas
tractare serpentes, ut atrum
corpore combiberet venenum,

deliberata morte ferocior:
30 saevis Liburnis scilicet invidens,
privata deduci superbo
(non humilis mulier!) triumpho.

Das Lob des Besiegers der Cleopatra steht in der Mitte:
es bildet den bequemen Mittelpunkt, um welchen herum sich
der besondere oder analytische Theil, den Jubelruf über die
endliche völlige Niederwerfung Aegyptens enthaltend, einer-
seits und andererseits der allgemeine oder synthetische Theil
des Gedichtes lagert, beide mit dem gleichen Umfange von $11^1/_2$
Versen, während das Mittelstück $^1/_2 8^1/_2$ beträgt. Den eigentlichen Kern der Ode bildet das Schlussstück, wo es dem
Dichter, der sich trotz seines Patriotismus überwältigt fühlte
gegenüber der Grösse der Erscheinung dieser Königin, darauf
ankam, seinen Hörern ein Bild dieses dämonischen Weibes,
vor Allem ein Bild der düsteren Erhabenheit ihres Unter-
ganges zu geben. War es etwas anderes als dies, wodurch
Shakespeare veranlasst wurde, seine Tragödie Antonius und
Cleopatra zu verfassen? Die Ode des Horaz ist, wie die
Erklärer schon theilweise richtig bemerkt haben, nicht überall
correct im Ausdruck: aber ihre Composition anlangend scheint
sie gleichsam mit der einer Tragödie zu wetteifern. So gross-
artig ist ihre Bewegung, so verschwenderisch die Fülle der
Züge, die in das gezeichnete Bild aufgenommen sind. Das
ganze schicksalschwere letzte Jahr aus dem Leben der Cleopatra steht vor unserer Seele: ihr Uebermuth vor der Ent-
scheidung, die schimpfliche Niederlage bei Actium, ihre
rasche Flucht, wie sie in der ersten Aufregung den Tod sucht,
wie sie später den Plan fasst, der Herrschaft zu entsagen und
mit der Flotte nach einem fernen Lande zu entfliehen, wie
sie es aber auch über sich gewinnt, nach Alexandrien zurück-
zukehren, und wie sie zuletzt das Herz hat, mit kalter Ent-
schlossenheit freiwillig sich den Tod zu geben. Und fast alles
dies ist zusammengedrängt in den engen Rahmen einer ein-
zigen Periode, die, abgesehen von der psychologischen Bemer-

kung, dass sie gerade durch die besondere Art ihres mit
Bedacht gewählten Todes den wilden Trotz ihres Geistes am
meisten bekundet habe, dem Dichter noch Raum genug übrig
lässt, nicht nur das Motiv ihres Todes — sie will sich nicht
von Augustus im Triumphe aufführen lassen — genau anzugeben, sondern auch mit drei Worten die Wirkung zu schildern,
die dieser selbst ihre Feinde zur Bewunderung zwingende Tod
gehabt hat. Die drei so unscheinbaren, parenthetisch gestellten
Worte *non humilis mulier*, in der That, sie bezeichnen noch
heute dem Leser die Höhe, bis zu welcher der schwellende
Strom seiner Empfindungen bei der Lectüre dieser Ode sich
zu erheben vermag: „fürwahr kein niedriges Weib!"

Aber auch kein geringer Dichter, werden mit Recht wir hinzufügen, dem es gelungen ist, wie keinem Geschichtschreiber
seiner Zeit, die Züge einer grossen Begebenheit so klar und
deutlich in einem Ueberblick uns vor die Seele zu stellen.
Und es stimmt, man darf es nicht vergessen, das von Horaz
entworfene Gemälde völlig überein mit der durch viele Schriftsteller bestätigten Wahrheit der Geschichte. Plutarch ist es,
der im Leben des Antonius überliefert, dass Cleopatra aus
Furcht vor der Gefangennahme durch Augustus in der Aufregung sich mit einem Schwerte habe durchbohren wollen.
Es war aber ein Krummsäbel, wie der liebenswürdige Schriftsteller hinzuzufügen nicht unterlässt, nach Art der Seeräuber,
mit dem sie zufällig umgürtet war. Ebenderselbe Geschichtschreiber spricht in Uebereinstimmung mit Cassius Dio von
dem Plane, den sie gehabt, unter Aufgebung der Herrschaft
mit ihren Schiffen und Schätzen in das rothe Meer einzu-
laufen, um von da nach einem fernen Lande zu entfliehen,
wo sie ruhig und ungefährdet wohnen könne. Noch gab es
keinen Canal von Suez: die Schiffe sollten, wie es bei Co-
rinth geschah, über den Isthmus transportirt werden: „ein
gefährliches und grosses Unternehmen", wie Plutarch hinzu-
fügt. Aber sie, die nicht vor dem Tode bebte, bebte auch
vor keinem Wagniss zurück. Schon war ein Theil der Schiffe

vorausgesandt; die umwohnenden Araber verbrannten sie, und der Plan musste aufgegeben werden. Man weiss, dass Cleopatra sich jetzt zu bleiben entschloss, nicht ohne die Hoffnung, vielleicht noch die Gefahr ihrer Lage ausgleichen zu können durch den Reiz ihrer Schönheit. Diese allein war unwandelbar geblieben unter den Schlägen des Alles wandelnden Glückes. Sie wollte sie dem Augustus opfern für den Preis, nicht des Lebens, sondern der Herrschaft, ohne die jenes für sie keine Geltung mehr hatte. Augustus widerstand; er hatte sie ausersehen für seinen Triumph. Cleopatra starb; sie missgönnte seinen Römern dies Schauspiel des höchsten Triumphes.

Diese Thatsachen anzuführen schien nothwendig zur Rechtfertigung einer Aenderung, die ich mir mit der handschriftlichen Ueberlieferung erlaubt habe. Die gewöhnliche Lesart v. 24 ist nicht *nec reprobavit*, sondern *nec reparavit*. Wie man den seltsamen Ausdruck auch erklären möge, immer besagt, behält man ihn bei, der Satz doch, dass Cleopatra nicht geflohen sei. Aber sie wollte ja fliehen und so viel an ihr lag, ist sie geflohen; denn die schon ins Werk gesetzte Flucht (*praeparata in Oceanum fuga*, wie Florus in der Epitome sagt) scheiterte ja nur an Hindernissen, die ausser ihrer Gewalt standen. Diese Lesart also, neben der übrigens, wie man aus den Bemerkungen der alten Commentatoren ersieht, eine andere, gleich schlechte *citare paravit* bestand, widerspricht der geschichtlichen Ueberlieferung. Ist es nun denkbar, dass Horaz von der Cleopatra, um die Grösse ihres Geistes zu zeichnen, hier gesagt haben soll, sie sei nicht geflohen, während doch alle Welt wusste, dass sie den Plan zur Flucht gefasst hatte, wirklich fliehen wollte und so zu sagen schon geflohen war? Es wäre ebenso ungereimt, als wenn ein Lobredner des ersten Napoleon, den Ausgang seines Lebens schildernd, sagen wollte: „Doch er, die Schmach der Gefangenschaft fürchtend, bebte weder vor dem Tode zurück, noch floh er nach dem fernen Amerika." Man weiss ja allgemein, dass er fliehen wollte und eigentlich auch geflohen ist, ebenso wie wan weiss, dass er den Versuch einmal gemacht hat, sich mit Gift zu tödten. Jener würde sagen müssen: „noch bangte ihm vor der Flucht“, oder „noch missbilligte er die Flucht nach dem fernen Amerika“. So erst bekäme dieser Zug Bedeutung in der Zeichnung, übereinstimmend zugleich, ebenso wie der erste, mit der geschichtlichen Ueberlieferung. [5])

Und wie geschichtlich, ebenso lässt sich grammatisch *nec reparavit* als falsch erweisen: das Glied *nec reparavit* entspricht nicht dem Parallelgliede *nec expavit*. Dort wird behauptet, dass sie sich nicht vor dem Schwerte gefürchtet habe, hier geläugnet, dass sie geflohen sei. Der erste Satz ist der Form, der zweite dem Inhalte nach negativ, während es doch, entsprechend den beiden folgenden Gliedern *ausa et, fortis et*, zweier Affirmationen in negativer Form bedarf. Abhülfe bringt diesem Bedürfnisse die Correctur *nec latentes classe cita reprobavit oras*, „noch missbilligte sie auf schneller Flotte versteckte Küsten“ für „noch missbilligte sie auf schneller Flotte die Flucht nach versteckten Küsten“. Diese Brachyologie entspricht augenscheinlich sehr der Absicht des Dichters, den gedrängten Inhalt der Ode in kürzester Fassung darzulegen. Ein Prosaiker würde vielleicht geschrieben haben: „Doch sie, die nicht in schimpflicher Gefangenschaft enden wollte, zagte weder mit dem Schwerte sich zu durchbohren, noch zeigte sie sich abgeneigt, ein entlegenes Land zum Ersatz für den Verlust Aegyptens — das würde *reparare* bedeuten — aufzusuchen.“ Dem Dichter steht das Recht der Abbreviatur zu und Horaz, der wie kein zweiter Dichter des Alterthums über alle Mittel wirksamer Darstellung gebietet, hat wiederholt in diesem Gedichte sehr passend von ihr Gebrauch gemacht.

Der Leser hat Gelegenheit gehabt, an drei Beispielen die Sorgfalt kennen zu lernen, welche Horaz auf die innere Form seiner Gedichte verwandt hat: ich füge ein viertes hinzu, gleich schön und regelmässig gebaut, aber durch einen besonderen Umstand noch mehr als die vorhergehenden geeignet, die Tragweite der neuen Auffassung zu zeigen. Die richtige Einsicht in die Composition des Gedichtes ist es, welche diesmal einen alten Fehler der Ueberlieferung beseitigt, der, so offenkundig er zu sein scheint, doch von den meisten Herausgebern nicht einmal bemerkt worden ist. Man wird freilich zugeben müssen, dass die Kritik im Horaz vielfach zu weit gegangen sei, aber gewiss bleibt der Erklärung ihrerseits auch mehr zu thun übrig, als sie bisher geleistet hat. Oder warum schweigt sie der Aenderung gegenüber, die Lachmann Ode II, 17, 25 versuchen zu müssen glaubte? Warum erträgt sie nach wie vor die gedankenlose Verbindung:

tardavit alas, cum populus frequens

während doch schon die Varianten der Handschriften *tum populus frequens, te populus frequens* deutlich genug den Anstoss verrathen, den man an der Stelle zu nehmen berechtigt ist? Freilich hat Lachmann mit seiner Correctur:

tardavit alas; cui populus frequens

nicht das Rechte getroffen, vielmehr klingt das vorgeschlagene *cui* in diesem Zusammenhange völlig fremd, etwa wie auch *medicunique* fremd klingt für Horaz, was derselbe Gelehrte Ode I, 32, 15 vorgeschlagen hat, an einer Stelle, welche gleichfalls trotz der gegründeten Ausstellung des scharfsinnigen Kritikers noch immer in der alten verkehrten Weise interpretirt wird. Und wie nahe lag dort die richtige Erklärung?

mihi cumque salve

rite vocanti

= „gegrüsst mir, dem, wann immer [rufenden], ehrerbietig rufenden" = „dem allzeit ehrerbietig rufenden." [6]) Und wie nahe liegt hier die richtige Interpunktion? Das Gedicht — mit der Ueberschrift: **Unser beider Gestirn** — lautet vollständig:

Cur me querellis examinas tuis?
nec dis amicum est nec mihi te prius
obire, Maecenas, mearum
grande decus columenque rerum.

5 **ah** te meae si partem animae rapit
maturior vis, quid moror altera,
nec carus aeque nec superstes
integer? **ille** dies utramque

ducet ruinam. non ego perfidum
10 dixi sacramentum: ibimus, ibimus,
utcumque praecedes, supremum
carpere iter comites parati.

me nec Chimaerae spiritus igneae,
nec si resurgat centimanus Gyas,
15 divellet umquam: sic potenti
Iustitiae placitumque Parcis.

seu libra seu me scorpios adspicit
formidolosus, pars violentior
natalis horae, seu tyrannus
20 Hesperiae capricornus undae,

utrumque nostrum incredibili modo
consentit astrum. te Iovis impio
tutela Saturno refulgens
eripuit volucrisque fati

25 tardavit alas. **cum** populus frequens
laetum theatris ter crepuit sonum,
me truncus inlapus cerebro
sustulerat, nisi Faunus ictum

dextra levasset, Mercurialium
30 custos virorum. reddere victimas
aedemque votivam memento:
nos humilem feriemus agnam.

Ich glaube kaum, dass die vorgenommene Aenderung
einer besonderen Rechtfertigung bedarf, aber da von ihr
einzig und allein die schöne innere Form der Ode abhängig
ist, so bin ich gleichsam gezwungen, noch einmal auf den

alten Fehler einzugehen. Es ist, wie mir scheint, geradezu
unmöglich, den Horaz sagen zu lassen: „Dich hat Jupiter ge-
rettet, als das Volk im Theater zahlreich versammelt Dir Beifall
jubelte!" Man müsste ja dabei unwillkührlich auf den Gedanken
kommen, dem Mäcenas sei im Theater irgend ein Unglück
zugestossen, vielleicht gar dadurch, dass der Sitz auseinander-
ging — *laxatis sellae compagibus* —, wobei er auf den Rücken
fiel — *supinus recidit* —, was in der That dem Augustus, wie
Sueton erzählt, gelegentlich einmal begegnet sein soll. Und
dieser selbe Unfall nun, so fragen allen Ernstes einige alte
Erklärer, kann er nicht auch dem Mäcenas widerfahren sein?
damals als das Volk ihn beglückwünschte, natürlich nicht,
dass er rücklings übergeschlagen, sondern vielmehr, dass er
unter Jupiters gnädigem Schutze wieder glücklich aufgestan-
den sei. Demnach hätte der Dichter freilich genauer sagen
sollen: „als das Volk hinterdrein Dir Beifall jubelte".
Schade nur, dass diese geistreichen Hypothesen, die übrigens,
man bedenke es wohl, wenigstens den gerechten Anstoss be-
kunden, den man an der unsinnigen Verbindung nahm, dadurch zu nichte werden, dass die Sache in Wirklichkeit
ganz anders liegt, als diese alten Erklärer sich gedacht haben.
Mäcenas war krank gewesen. Damals als er wieder genesen
war und zum ersten Male im Theater erschien, jubelte ihm,
wie es gebräuchlich war, das Volk wegen seiner glücklichen
Wiedergenesung Beifall zu. Horaz befand sich zu der Zeit
nicht in Rom, sondern wie wir aus Ode I, 20 wissen, auf
seinem Landgute. Practisch wie er war, sorgte er unter anderem in eigener Person damals für seinen Weinvorrath:

> Vile potabis modicis Sabinum
> cantharis, Graeca quod ego ipse testa
> conditum levi, datus in theatro
> cum tibi plausus,
>
> 5   clare Maecenas eques, ut paterni
> fluminis ripae simul et iocosa

redderet laudes tibi Vaticani
montis imago.

Caecubum et praelo domitam Caleno
10 tu bibes uvam? mea nec Falernae
temperant vites neque Formiani
pocula colles.

Ferner ereignete sich während der Zeit dieses Aufenthaltes
auch der bekannte Unfall, dass Horaz durch den Umsturz
eines Baumes beinahe erschlagen worden wäre. Dies geschah
im Jahre 26 v. Chr., in demselben Jahre, in welchem
Mäcenas von seiner schweren Krankheit genesen war, und
zwar an den Calenden des März, wie aus Ode III, 8 her-
vorzugehen scheint, die zur Erinnerung an jenes Ereigniss,
was übrigens der Dichter auch in einer besonderen Ode II,
13 dargestellt hat, im darauffolgenden Jahre geschrieben ist.
Der Umstand nun, dass Mäcenas und Horaz, beide fast zu
derselben Zeit, durch den Beistand der Götter aus einer
schweren Gefahr errettet worden sind, wird an unserer
Stelle vom Dichter als Beweis für die oben angestellte Behauptung angeführt, dass ihrer beider Gestirn auf unglaub-
liche Weise zusammenstimme. Wie wäre da überhaupt eine
andere Verbindung möglich, als die durch obige Interpunction
gewonnene? Ich gestehe gern, dass mich die Composition
der Ode darauf geführt hat. Ihr zweitheiliger Bau nemlich,
verlaufend in $16 + 16$ Versen, gliedert sich ganz offenbar
nach der Formel $7\frac{1}{2} + \frac{1}{2}8 + 8\frac{1}{2} + \frac{1}{2}7$. [7])

Wir haben bisher nur den Bau der Gedichte betrachtet,
aber nicht minder wichtig, wie wir am Schlusse des vorhergehenden Abschnittes sahen, ist die Gliederung. Erst diese
Unterscheidung eigentlich vermag in das ganze Geheimniss der
inneren oder architectonischen Form der Oden einzuführen.
Gliederung nenne ich im Gegensatze zu Bau (d. h. Anordnung der Hauptgedanktheile eines Gedichtes) die Art der
Gedankenbewegung in diesen Theilen. Aehnlich nennt man
Metrum das Maass, wonach die Zeitmessung geschieht,

Rhythmus die Art der Bewegung in diesem Maasse. Und wie das Metrum nicht ohne Rhythmus, so kann der Bau nicht ohne Gliederung sein. Gliederung ist Innenbau. Durch sie gewinnt der Bau eine taktvolle Lebendigkeit. Der Bau der ersten Ode ist viertheilig: 10 + 8 + 10 + 8, in der Form von zwei Strophenpaaren mit verschränkter Stellung.

$$\alpha + \beta + \alpha' + \beta'$$

Die Viertheiligkeit der architectonischen Form spiegelt sich schon in der einfachen Angabe des Inhaltes: „**Der einen** Bestreben, bestimmt durch die Oeffentlichkeit, geht nach Ruhm, oder nach Ehre, oder nach Reichthum. **Andere** hält die Gewohnheit des eigenen Lebens fest: der geplagte Landmann, der verwöhnte Kaufherr. **Wiederum** wird eine Klasse durch individuelle Neigungen bestimmt: der behagliche Genuss- und Naturmensch, der wilde Krieger, der leidenschaftliche Jäger. **Ich** ziehe vor zu dichten, in stiller Einsamkeit, fern von der Menge, nur um der Musen Gunst bekümmert, und allein durch deinen Beifall gross." Die zwei ersten und zwei letzten Verse bestimmen den Character der Ode als Widmungsgedicht, aber sie stehen, was man nicht übersehen darf, im festen Rahmen zweier verschiedener Strophen. Irrig ist die Annahme einiger Kritiker, dass diese vier Verse entweder nicht von Horaz oder doch erst später dem Gedichte hinzugefügt seien. Als der Dichter die Idee disponirte, berücksichtigte er auch schon den Zweck, dem die Ode dienen sollte, und es hiesse, die Form des Gedichtes zerstören, wenn man die beiden Verse am Anfange und am Ende wegnehmen wollte. So unauflösbar sind sie mit ihr verbunden. Erinnert das nicht an jenen grossen Künstler, der es verstand die Züge seines Namens an dem Bilde der dargestellten Göttin so anzubringen, dass die Absicht, sein Andenken auszulöschen, unfehlbar die Zertrümmerung des Kunstwerkes selbst zur Folge gehabt hätte? Der weiteren Betrachtung lasse ich die wortgetreue Uebersetzung des lateinischen Textes vorausgehen.

Mein Beruf im Leben.

Widmungsgedicht an Mäcenas.

(Erste Strophe.)

Mäcen, fürstlicher Urahnen Sprössling, du o mein Schutz und
süsser Schmuck auch, die einen mit dem Gefähr einmal den Staub, den
Olympischen, zu wirbeln erfreut, und das Rennziel glücklich gemieden
den glühenden Rädern und der rühmliche Palmzweig zu der Erde Gebietern
trägt er, zu den Göttern, empor sie; diesen, wenn der Quiriten bewegliche
Schaar wetteifert in dreidoppelten Ehren ihn zu erheben; jenen, wenn
in selbsterbauter Scheuer er barg, was immer von Libyschen Tennen
gefegt wird.

(Zweite Strophe.)

Wem es genügt, mit dem Karst zu spalten väterliche Aecker,
Attalus' Schätze darfst du versprechen, nimmer bringst du ihn ab, dass
auf Cyprischem Kiel er, ein furchtsamer Schiffer, das Myrtoische Meer
durchschneide. Und der Kauffahrer, schreckt ihn des Afrikus' Kampf
mit Ikarischer Meerfluth, lobt den Frieden, lobt die Gefilde seiner Land-
stadt: doch bald bessert er aus sein leckgerütteltes Fahrzeug, ungewöhnt,
ein kärglich Leben zu fristen.

(Erste Gegenstrophe.)

Der eine weder eines alten Massikers volle Pokale, noch einen
Theil vom guten Tage zu nehmen, achtet gering er, jetzt die Glieder
unter grünem Sandbeerbaume gelagert, jetzt zum sanften Haupte geweihter
Quellfluth. Viele das Lager erfreut und mit der Drommete vereint der
Tuba Getön, und der Krieg, der den Müttern verwünschte. Es harret
unter kaltem Himmel der Jäger, der zarten Gattin uneingedenk, sei es,
dass erblickt ward eine Hindin von den getreuen Rüden, sei es dass die
gewundenen Netze durchbrach ein Marsischer Eber.

(Zweite Gegenstrophe.)

Mich gesellet der Epheu, sangkundiger Stirnen Bekränzung, bei den
erhabenen Göttern, mich sondern der kühle Hain und die leichten Tänze
der Nymphen, mit den Satyrn zusammen, ab vom Volke, wenn nicht
weder den Flötenschall Euterpe hemmt, noch Polyhymnia fliehet die
Lesbische Leier zu spannen. Und reihst du mich ein unter die lyrischen
Sänger, mit gehobenem Scheitel werd' ich treffen die Sterne. [6])

Ich wage, freilich sehr den Ansichten der heutigen Philologie entgegen, die Behauptung aufzustellen, dass diese so vielfach missverstandene erste Ode des Horaz ihrer inneren Form nach eins der kunstvollsten Gedichte des gesammten Alterthums sei. Zur Erhärtung dieser meiner Behauptung bedarf es allerdings einer etwas eingehenden Betrachtung der vier Strophen, aus denen das Gedicht besteht. Nur auf diese Weise wird es möglich, die Gliederung in den Theilen nachzuweisen, worauf mehr noch als auf der Gedankenanordnung die architectonische Schönheit dieser Ode beruht.

Der Text der ersten Strophe lautet:

> Maecenas atavis edite regibus,
> O et praesidium et dulce decus meum,
> **sunt** quos curriculo pulverem Olympicum
> collegisse iuvat, metaque fervidis
> 5 evitata rotis palmaque nobilis
> terrarum dominos evehit ad deos;
> **hunc** si mobilium turba Quiritium
> certat tergeminis tollere honoribus;
> **illum** si proprio condidit horreo
> 10 quidquid de Libycis verritur areis.

Die Formel $1 + 1 + 1\frac{1}{2} + \frac{1}{2} \, 2 + 2 + 2$ stellt, wie wir sogleich bemerken müssen, den Gedankenumlauf der ersten Strophe dar. Der erste Vers enthält die Anrede, der zweite stellt das Verhältniss des Angeredeten zum Dichter fest, also $1 + 1$. Eng anschliesst sich *sunt quos,* womit der eigentliche Gedanke der Strophe beginnt, ein dreitheiliger Gedanke: 1) *sunt quos — collegisse iuvat* $(1\frac{1}{2})$; 2) *hunc si — honoribus* $(+2)$; 3) *illum si — verritur areis* $(+2)$; entsprechend dem dreifachen Streben a) nach Ruhm, das durch die Olympischen Wettsieger, b) nach Ehre, das durch das römische Staatsbeamtenthum, c) nach Reichthum, das durch die grossen, hauptsächlich in Afrika ansässigen — noch heute gibt es dort die grössten Gütercomplexe (latifundia) — Grundbesitzer repräsentirt wird. Das Glied *metaque — evehit ad deos* oder ¹/₂ 2 steht nach dem Kunstausdrucke der alten Techniker ἔξω περιόδου: es dient der Beschreibung, in deren Begriffe es liegt, dass sie malerisch sei oder was dasselbe sagt, die Versinnlichung des Gegenstandes bezwecke. Aber nicht allein die Structur unterbricht dieser Satz, er unterbricht gleichzeitig auch den Rhythmus. Bekanntlich ist der Wechsel der Rhythmen ein Bedingniss der Strophenbildung. Um diese Metabole hervorzubringen, wählen die älteren Dichter je nach Bedürfniss verschiedene Verse. Horaz beschränkt seine Mittel und erzielt trotz dieser Beschränkung dennoch dieselben Wirkungen. Das dem Gedichte zu Grunde liegende metrische Schema ist der sogenannte Asclepiadeische Vers, bestehend nach der richtigen Auffassung aus zwei katalektischen Pherekrateen, die bekanntlich nach der Stellung unterschieden werden, welche der Daktylus in ihnen hat: *Maecenas atavis* ($\underline{\ \ }\,\overline{\ \ },\underline{\ \ }\,\overline{\ \ },\underline{\ \ }\,\wedge$) bildet den zweiten, *edite regibus* ($\underline{\ \ }\,\underline{\ \ }\,\underline{\ \ },\overline{\ \ }\,\underline{\ \ },\underline{\ \ }\,\wedge$) den ersten Pherekrateus. Die Zusammensetzung beider $\underline{\ \ }\,\overline{\ \ }\,\underline{\ \ }\,\underline{\ \ }\,\underline{\ \ }\,\wedge\,|\,\underline{\ \ }\,\underline{\ \ }\,\underline{\ \ }\,\underline{\ \ }\,\underline{\ \ }\,\underline{\ \ }$ ist die Versreihe, aus welcher das ganze Gedicht besteht. [9]) Wie war es dem Horaz möglich, fragen wir erstaunt, trotz der beständigen Wiederholung ein und desselben Verses doch eine Metabole des Rhythmus zu erzeugen? Die Antwort ist einfacher als man glaubt. Der Dichter lässt zu Beginn des zwischengeschobenen, lediglich der Malerei dienenden Gedankengliedes den ersten Pherekrateus, der die zweite Hälfte des Asclepiadeus bildet, an die Spitze des Verses treten und gewinnt auf solche Weise einen Rhythmus, der in Folge des vorausgestellten ersten Pherekrateus den Character einer grösseren Lebhaftigkeit hat. Das Bild der Strophe tönt in unserm Ohre; denn für die Sprechung gestalten sich die Verse jetzt:

sunt quos curriculo pulverem Olympicum
collegisse juvat —
metaque fervidis evitata rotis
palmaque nobilis terrarum dominos
evehit ad deos —
hunc si mobilium turba Quiritium etc. etc.

Der Leser bemerkt von selbst, dass *palmaque* und *metaque*
Parallelglieder sind, deren Correspondenz unter sich deutlich
angedeutet ist durch das doppelte *que*. Der ganze Satz ist
dem vorhergehenden unter- nicht beigeordnet. Und erst mit
hunc si nimmt der Dichter die nach *collegisse iuvat* unter-
brochene Periode wieder auf und lässt die noch fehlenden
zwei Glieder derselben, ohne weitere Aenderung im Rhythmus,
in je zwei Versen einfach nachfolgen. Der richtige Vortrag
verlangt, dass die ausserhalb der Periode stehenden Worte,
metaque fervidis — evehit ad deos tiefer und schneller ge-
sprochen werden, während die Stimme bei *hunc si mobilium*
wieder zu der Tonhöhe sich erhebt, die sie bei *sunt quos —
iuvat* gehabt hat. So erklärt sich leicht, warum *iuvat* nach
hunc ausgelassen werden konnte. Die Aenderungen, die man
seit Bentley zur Nachhülfe der Structur hier vornehmen zu
müssen geglaubt hat, sind kein besonderer Beweis für die
Einsicht, die man in die grosse Kunstgewandtheit des Dichters hatte. Für uns kann nach der vorausgehenden Erläuterung der Periode nur die Frage entstehen, welche Absicht Horaz dabei hatte, als er durch die eingeschobene
Schilderung Structur und Rhythmus so eigenthümlich unter-
brochen werden liess. Offenbar genügte es ihm nicht, das
dreifache Streben nach Ruhm, Ehre, Besitz einfach zu in-
dividualisiren, er will jene Bestrebungen auch kritisiren,
indem er über das Handeln der als davon geleitet dargestellten Menschenklassen ein bestimmtes Urtheil ausspricht.
Das Streben nach Reichthum ist geradezu verächtlich —
der Ausdruck *verritur* bricht den Stab über die Geizhälse —,
das Streben nach Ehre ist trügerisch — das Beiwort *mobilium* enthält eine Mahnung für die Ehrsüchtigen —, aber
das Streben nach Ruhm? Ach, es ist eitel und nichtig, der
Staub bezeugt es, den der Wagen (*curriculo* hier absichtlich gewählt, *curru* wäre zu hoch gewesen cf. Ode IV, 3, 5)
aufsteigen lässt, aber es ist doch schön und macht die Brust
des Sterblichen schwellen. Seht ihr den Palmzweig nicht,

der am Ziele grünt? Das sind die Nebenzwecke dieser
Schilderung, die nicht übersehen werden dürfen, weil es,
wenn auch Nebenzwecke, doch immerhin Zwecke sind.
Die zweite Strophe lautet:

> **gaudentem** patrios findere sarculo
> agros Attalicis condicionibus
> nunquam dimoveas, ut trabe Cypria
> Myrtoum pavidus nauta secet mare.
> 15 **luctantem** Icariis fluctibus Africum
> mercator metuens otium et oppidi
> laudat rura sui: mox reficit rates
> quassas, indocilis pauperiem pati.

Der Umfang der zweiten Strophe ist um zwei Verse geringer als der der ersten. Diese Ungleichheit erleichtert die
Unterscheidung der Strophen für das Ohr; bedingt ist sie
übrigens durch das Interesse des Inhaltes, welches weniger
gross in der zweiten als in der ersten Strophe ist. Die
erste Strophe beschreibt das Thun von drei Menschen, die
zweite nur das Thun von zweien; dieses bereitet vor auf die
letzte Strophe, wo Horaz allein den Uebrigen gegenübertritt. Die Gliederung der zweiten Strophe ist, entsprechend
dem geringeren Interesse, welches ihr Inhalt hat und des Contrastes wegen haben muss, einfacher und weniger mannigfaltig als in der ersten Strophe. Die Formel für die Gliederung lautet: $2^1/_2 + ^1/_2 1 + 2^1/_2 + ^1/_2 1$. Man sieht, vier Verse
mit ganz gleicher Gliederung kommen auf je eine von den
beiden Personen. Wirksam ist die doppelte Metabole, die
nicht verfehlt, der einförmig gehaltenen Strophe für den
Vortrag doch eine gewisse Lebhaftigkeit zu geben:

> gaudentem patrios findere sarculo
> agros Attalicis condicionibus
> nunquam dimoveas,
> ut trabe Cypria Myrtoum pavidus
> nauta secet mare.
> luctantem Icariis fluctibus Africum

mercator metuens otium et oppidi
laudat rura sui:
mox reficit rates quassas, indocilis
pauperiem pati.

Mit v. 19 beginnt die erste Gegenstrophe:

  est qui nec veteris pocula Massici
20 nec partem solido demere de die
  spernit, nunc viridi membra sub arbuto
  stratus, nunc ad aquae lene caput sacrae.
  multos castra iuvant et lituo tubae
  permixtus sonitus bellaque matribus
25 detestata. **manet** sub Iove frigido
  venator tenerae coniugis inmemor,
  seu visa est catulis cerva fidelibus,
  seu rupit teretes Marsus aper plagas.

Dem *sunt quos, hunc, illum* der ersten Strophe entsprechen
hier: *est qui, multos, manet sub Iove*, drei Glieder, die ebenfalls eine Periode bilden, aber keine einfache, sondern eine
zusammengesetzte, nach der Bestimmung der alten Rhetoriker,
insofern nämlich die Glieder derselben nicht κῶλα im enge-
ren Sinne, sondern vielmehr Sätze sind. Dass der Dichter
wirklich die Absicht gehabt, mit diesen Versen ein Gegen-
bild zur Strophe zu schaffen, erkennt man zunächst deutlich
aus der Wiederholung von *est qui* und *iuvant*, correspon-
dirend mit *sunt quos* und *iuvat*. Wenn gerade in Bezug auf
diese Wiederholung der holländische Kritiker Peerlkamp bemerkt hat: *elegantes poetae in tali re verba eadem non repe-
tunt*, so hätte er doch wissen können, dass die griechischen
Tragiker es oft zu thun pflegen, da wo sie durch den gleichen oder ähnlichen Klang der Wörter an die antistrophische
Form erinnern wollen. Ehe wir noch die Correspondenz des
Inhaltes im Geiste völlig erfasst haben, wird das Ohr schon
durch die Wiederkehr der ähnlichen Klänge auf die Gleichheit
der äusseren Form aufmerksam gemacht. Prüfen wir beides
genauer. Die Gliederung der Strophe war $1+1+1\frac{1}{2}+\frac{1}{2}2+2+2$

Ihr entsprechend ist die Gliederung der Antistrophe, aber mit entgegengesetzter Bewegung. Die Formel lautet nämlich $2+2+2^1/_2+^1/_21+1+1$. Dieser merkwürdige Umstand fordert zu einigen Bemerkungen auf. Die Gleichheit der Form erscheint bedingt durch die Gleichheit des Inhaltes beider Strophen. Dem dreifachen in der Strophe enthaltenen Streben ganzer Menschenklassen nach Ruhm, Ehre, Reichthum tritt gegenüber in der Antistrophe die dreifache Neigung Einzelner zum Natur- und Genussleben, zum Kriege, zur Jagd. Man beachte, dass, während in der zweiten Strophe die Zahl der geschilderten Charactere um einen verringert wurde, die Antistrophe wieder zur Dreizahl zurückgekehrt ist. In der Antistrophe kommen $2 + 2$ Verse auf die Schilderung des behaglichen Genuss- und Naturmenschen, $2^1/_2$ auf den Krieger, dagegen $^1/_2 1 + 1 + 1$ auf den Jäger. Je kunstvoller die Gliederung, je grösser das Interesse der Schilderung. Die Strophe verwendet nach Abzug der beiden Verse des Eingangs, die, wie schon bemerkt, ausserhalb des eigentlichen Inhaltes der Ode stehen, $1^1/_2 + ^1/_22$ Verse auf die Schilderung der Olympischen Wettsieger, während die folgenden $2 + 2$ Verse das römische Staatsbeamtenthum und den grossen Grundbesitz characterisiren. Man begreift jetzt, warum die Formel in beiden Strophen eine entgegengesetzte Wendung nimmt: in der Strophe nimmt das Interesse der Schilderung gegen Ende ab, in der Antistrophe gegen Ende zu. Dort stehen die Olympischen Wettsieger mit der kunstvollsten Gliederung am Anfange, hier steht der leidenschaftliche Jäger mit der kunstvollsten Gliederung am Ende. [10]) Auffallen könnte, dass ich die auf die Schilderung des Genuss- und Naturmenschen verwendeten vier Verse in der Formel getrennt als zwei Verspaare dargestellt habe, ohne dass eine Interpunction dazu Veranlassung gibt. Die Structur ist es, die hier nach *de die* eine Pause veranlasst: *spernit* steht nämlich ἀπὸ χοινοῦ, beiden Gliedern gemeinsam, aber mit verschiedener Construction, indem es einmal den Objectsaccusativ *pocula* regiert, das andere Mal den Infinitiv *partem demere* nach sich hat. Und ebendieselbe Structur, die richtig gefasst vor dem absichtlich an den Anfang gestellten *spernit* eine kleine Pause zu machen gebietet, zwingt uns das folgende *stratus* sammt den beiden Bestimmungen *nunc viridi membra sub arbuto* und *nunc ad aquae lene caput sacrae,* zwischen welchen *stratus* selbst bedeutungsvoll die Mitte hält, unbedingt hinter *spernit* beim Vortrage folgen zu lassen. Man denke nicht gering von solchen Bemerkungen. Das Lied ruht stumm auf dem Papiere, eingesargt freilich, gleich jener verzauberten Prinzessin, in einen gläsernen Schrein; man sieht seine schöne Gestalt, aber soll sie sich regen und bewegen, muss der Rhapsode kommen, der das rechte Wort spricht. Die innere Form ist die Seele der Dichtung, sie muss miterklingen beim Vortrage, sonst ist die Wiederbelebung keine vollständige.

Noch ein Punkt bleibt zu erörtern, ehe wir zur letzten Strophe übergehen. Der Leser muss auch hier wieder den Rhythmenwechsel ins Auge fassen. Während nämlich die zwei ersten Verspaare der Antistrophe, entsprechend den zwei letzten der Strophe, den ruhigen Gang des Asclepiadeischen Versmaasses innehalten, gewinnen die auf die Schilderung des Kriegers verwandten $2\frac{1}{2}$ Verse durch die bei *et lituo tubae permixtus sonitus* eintretende Metabole eine Lebhaftigkeit und Kraft, die noch gehoben wird im folgenden Verse *bellaque matribus detestata [manet]* durch den bedeutungsvollen Ausgang *detestata*. Das Wörtchen *manet* gehört rhythmisch noch zum vorhergehenden Gliede — es completirt den Halbvers — der Structur nach gehört es dagegen zum folgenden Satze. In Wirklichkeit hat es keine Bedeutung für den Sinn und wird neben *sub Iove frigido* vom Dichter sogar absichtlich unterdrückt, d. h. der Gang des Rhythmus ist es, der den unschönen Anfang verdecken muss. Ausserdem beachte man, dass auf *detestata* ein Ton ruht, dessen Energie es völlig vergessen macht, dass das Wort an

sich nicht den Umfang eines Halbverses hat. Aehnlich wie
hier *detestata* stehen *fallacis* I, 5, 11; *ebria* I, 37, 12
und *integer* II, 17, 8.

Wir wenden uns zur letzten Strophe:

> **me** doctarum hederae praemia frontium
> 30 dis miscent superis, me gelidum nemus
> Nympharumque leves cum Satyris chori
> secernunt populo, si neque tibias
> Euterpe cohibet nec Polyhymnia
> Lesboum refugit tendere barbiton.
> 35 Quodsi me lyricis vatibus inseres,
> sublimi feriam sidera vertice.

Die wechselnde Fort- und Gegenbewegung der Gedanken
hat in der vorhergehenden Strophe ihren Höhepunkt erreicht:
in voller Klarheit spiegelt die letzte Strophe die Idee des
Gedichtes. Den Bestrebungen, Gewohnheiten und Neigungen
anderer setzt der Dichter seinen Beruf entgegen. Sie ist die
bedeutungsvollste im ganzen Gedichte: ihre Gliederung muss
demnach die kunstreichste sein. Wenn wir unsere Strophe
aber als zweite Gegenstrophe bezeichnet haben, so ist diese
Bezeichnung gerechtfertigt durch das architectonische Ar-
rangement des ganzen Gedichtes; ihrem Umfange nach ist
sie wirklich das Abbild der zweiten Strophe. Das Ueber-
gewicht aber, das sie entschieden vor allen drei Strophen
hat, beruht lediglich auf der eigenthümlichen Art ihrer
Gliederung.

Die Formel dafür lautet: $1\frac{1}{2} + \frac{1}{2} 1 \frac{1}{2} + \frac{1}{2} 2 + 1 + 1$.
Durch die Mannigfaltigkeit der Gliederung bedingt ist der
mannigfaltigere Rhythmenwechsel. Er tritt nach dem Halbverse *dis miscent superis* ein und behauptet sich vier ganze
Verse hindurch:

> me gelidum nemus Nympharumque leves
> cum Satyris chori secernunt populo,
> si neque tibias Euterpe cohibet
> nec Polyhymnia Lesboum refugit
> tendere barbiton.

Einen solchen Umfang hat die Metabole in keiner der
vorhergehenden Strophen: in der ersten nimmt sie zwei Verse
in Beschlag, in der zweiten zweimal je einen Vers, in der
dritten Strophe tritt sie nach dem Halbverse *multos castra
iuvant* ein und geht drei Verse hindurch

    et lituo tubae permixtus sonitus
    bellaque matribus detestata. manet
    sub Iove frigido venator tenerae
    coniugis inmemor.

Damit ist der Uebergang vorbereitet zur letzten Strophe,
die eine Lebhaftigkeit ohne Gleichen entwickelt. Erst mit
den zwei letzten Versen, genau wie in der vorhergehenden
Strophe, kehrt auch hier der Dichter wieder zum ruhigen
Gange der gewohnten Rhythmen zurück, um die Darstellung
abzuschliessen mit einer feinen Huldigung, dargebracht dem
Manne, welchem, wie die ersten zwei Verse zeigen, das Gedicht
gewidmet ist.

Dieser ersten Ode gegenüber sind die Untersuchungen
neuerer Gelehrten besonders unglücklich ausgefallen. Den
schönen Plan des Dichters nur halb sehend, fälschten die
Kritiker ihn und die edle Gestalt des Gedichtes, sie blieb
unter den dreist zugreifenden Händen derselben nicht allein
todt, wie sie war, sondern verlor auch sogar einige Glieder.
Ich versage es mir absichtlich auf diese Verstümmelungen
näher einzugehen, aber ein paar Bemerkungen knüpfen sich
wie von selbst an den vorhergehenden Abschnitt an. Es
sind besonders die zwei letzten und die zwei ersten Verse, die
den Kritikern viel zu schaffen gemacht haben. Während
nämlich einige in allem Ernst darin den Kern des Gedichtes
erblicken zu müssen glaubten — sie nahmen die Etikette für
den Wein — und nicht ungeneigt schienen, den ganzen zwi-
schengeschobenen Theil für überflüssig zu erklären, haben
andere gerade diese zwei Verspaare zu Anfang und zu Ende
für völlig überflüssig erklärt und dieselben als störend für

das Ganze gestrichen. Der grosse Philologe Gottfried Hermann fasst seine vermeintlichen Beweise für die Richtigkeit dieser Ansicht sogar in einer besonderen Abhandlung zusammen. Dort heisst es: „*recisis et primis duobus et duobus postremis carminis versibus non solum strophas plena sententia conclusas, nisi prope finem, quo loco alacrior sermo illam aequabilitatem negligi patitur, sed etiam totum carmen apte pulcreque compositum habemus.*" So urtheilte demnach dieser Gelehrte und war kühn genug hinzuzufügen: „*quocirca vix dubitari potest, quin isti versus ab aliquo conficti sint.*" Die Grundlosigkeit dieser letzten Behauptung widerlegt die aufgedeckte architectonische Form des Gedichts: jene Verse stehen, wie wir oben schon sagten, im festen Rahmen zweier verschiedener Strophen und können nicht weggenommen werden, ohne dass die Form des ganzen Gedichtes zerstört wird. Und doch muss ein Punkt eingeräumt werden, von dem Hermann in seiner so unglücklich verlaufenden Untersuchung ausgegangen ist, der nämlich, dass für die Vollständigkeit des Gedichtes die Angabe des gelegentlichen Zweckes nicht nothwendig gewesen wäre, dass also die beiden Verse am Anfange und am Ende in der That hätten fehlen können. Aber freilich würde die Ode dann nicht mit *sunt quos* haben beginnen können, und auch ihr Bauplan müsste ein anderer gewesen sein, als er jetzt ist. Doch warum erwähnen wir überhaupt dergleichen Dinge? Gewiss nicht ohne eine bestimmte Absicht. Wir sind nämlich so glücklich aus den Händen des Dichters selbst ein Analogon zu diesem ersten Gedichte, gleichsam eine Vorstudie für dasselbe zu besitzen, weniger kunstvoll und weniger umfangreich und auch eben jener Umrahmung ermangelnd, deren Vorhandensein bei der ersten Ode so viel Missverständnisse erzeugt hat. Die Zusammenstellung beider Gedichte dürfte interessant und belehrend sein, und gewiss wird der Leser mit mir es dem Zufalle Dank wissen, der diesen Entwurf oder diese Studie, wie wir sie nennen wollen, dem Papierkorbe des Dichters entriss, freilich um sie leider

wieder im schlechtgesichteten Wuste der handschriftlichen
Ueberlieferung vergraben werden zu lassen. Das Gedicht
lautet:

Mein Entzücken auf der Welt.

Rhodos verherrlichen werden die einen oder Mitylene,
Ephesos auch und die doppeltbespülten
Mauern Korinths, und Thebe, dem Bacchus, Delphi, dem Phöbus
Glanz leiht, oder der Thessaler Tempe.
5 Anderer Thun ist es einzig, der keuschen Pallas Veste
Im nie endenden Liede zu feiern,
Und zu umwinden die Stirn mit ringsentbrochenem Oelzweig.
Meist wird, wer Juno ehret, besingen
Argos, für Rosse geschickt, und das an Gold reiche Mykene.
10 Mich hat nicht das ausdauernde Sparta,
Noch auch so die Flur der fetten Larissa entzückt je,
Als der Albunea tönende Wohnung,
Und der Anio jach, und Tiburnus' Hain, und bewässert
Durch hinrinnende Bächlein der Obstwald.

Man wird ohne meine Bemerkung wissen, dass dies Seitenstück zur Widmungsode — das wollen wir nachweisen —
die vierzehn ersten Verse des siebenten Gedichtes im ersten
Buche sind. Mit welchem Rechte haben wir sie aber ab-
getrennt von den achtzehn folgenden Versen, womit sie die
Ueberlieferung zu einem Gedichte zu verbinden pflegt? Diese
Frage muss vor jenem Nachweise beantwortet werden. Und
sie lässt sich kurz und schlagend beantworten. Aber vielleicht wird es auch nicht ungern gesehen, wenn ich dem
Leser Gelegenheit gebe, einmal einen Blick in den Gang
einer Untersuchung zu thun, der es, einzig geleitet von dem
Vertrauen auf die Richtigkeit der neuen Theorie, die ich
hier darzulegen bemüht bin, nur auf einem Umwege gelang,
das Resultat zu erreichen, das wir jetzt, unterstützt durch
andere Thatsachen, freilich in der Lage sind bündiger zu
erweisen. Nächst der zweiten Ode war es hauptsächlich die
siebente, die, so wie sie da stand, jeder Gliederung zu spotten

schien. Ein glücklicher Zufall führte darauf, zunächst den letzten Theil als ein Gedicht für sich zu fassen. Man höre nur:

> Wie der heitere Süd vom dunkeln Himmel die Wolken
> Oefter verscheucht und nicht Regen gebiert be-
> ständiglich, so gedenke du weise ein Ende zu machen
> Der Trauer und den Beschwerden des Lebens,
> 5 Plancus, durch milden Wein, ob nun strahlender Feldzeichen
> Voll das Lager dich hält, ob dich hält
> Deines Tiburs Schattenhain. Als von Salamis Teukros
> Floh, vor dem Vater floh, hat er, trunken
> Vom Lyäus, die Schläfe bekränzt mit Pappeln, bekanntlich
> 10 So gemahnt die traurigen Freunde:
> Wohin, nicht so feind als der Nährer, das Schicksal uns führet,
> Gehen wir, o Freund' und Gefährten.
> Nimmer verzagt, da Teukros der Führer, der Rather ist Teukros.
> Denn untrüglich verhiess es Apollo:
> 15 Salamis soll auf neuem Gebiete zum andern emporblühn.
> Tapfere, härtres erduldet schon habt ihr
> Oft, ihr Männer, mit mir! jetzt tilget im Weine die Sorgen:
> Morgen besteuern wir wieder das Weltmeer.

Welcher sorgfältige Leser des Horaz wird diesen letzten Theil des siebenten Gedichtes, hat er ihn nur einmal losgeschieden von seiner bisherigen Stellung und für sich ins Auge gefasst, nicht sofort mit der dreizehnten Epode zusammenstellen? Die lautet:

> Schauriges Wetter hält umnachtet den Himmel, in Regen
> Und Schnee herabströmt Jupiter; Wälder erseufzen und Meer
> Unter dem Thracischen Nord. Lasst uns ergreifen, o Freunde,
> Vom Tage die Gelegenheit, während die Kniee noch frisch
> 5 Und es sich ziemet, verscheucht von finsterer Stirne den Griesgram.
> Du schaffe Wein, im Consulat meines Torquatus gepresst:
> Anderes lasse beiseit. Ein Gott im gütigen Wechsel
> Führt das dereinst zum frühern Stand: besser mit Persergedüft
> Jetzo zu salben den Leib, und durch Cyllenische Leier
> 10 Uns zu befreien die Brust alsbald von der Bekümmerniss Graun,
> Wie der berühmte Centaur einst sang dem erhabenen Zögling:
> Du unbesiegter Thetissohn, sterblich den Göttern entstammt,

Dich erwartet Assarakos' Land, das des kleinen Skamandros
Eiskalte Strömung theilet und Simois' schlüpfende Fluth:
15 Woher Rückkehr dir wehren, ach, mit untrüglichem Faden
Die Parzen, auch nicht führet die bläuliche Mutter dich heim.
Alldort jeglichen Schmerz mit Wein und Gesängen verscheuche,
Den lieblichsüssen Tröstungen wider entstellenden Gram.

Die Aehnlichkeit beider Gedichte leuchtet sofort ein,
hoffentlich auch bald die Gewissheit, dass wir in der That
mit einem Male in der Lage sind, in der Studienmappe des
Dichters blättern zu können. Zur Situation bemerke ich,
dass in Ode I, 7ᵇ (wie wir diese letzten 18 Verse der siebenten
Ode von jetzt ab bezeichnen wollen) der Dichter seinem Freunde
Plancus den Wein ganz allgemein wider die Traurigkeit des
Lebens empfiehlt, und ebenso sind es Wein und Gesang, die
in der Epode XIII den Freunden an einem traurigen Regen-
tage von Horaz wider die Kümmernisse des Lebens ange-
rathen werden. Das erste Gedicht enthält speziell eine **Ermunterung an Plancus**, das zweite eine **Ermunterung
an die Freunde** überhaupt. Zur Symbolisirung der den
beiden Gedichten zu Grunde liegenden gleichen Idee wird
I, 7ᵇ die Ansprache des tapferen Teukros an seine Gefährten,
in der Epode dagegen die Mahnung des weisen Cheiron an
seinen Zögling Achilles benutzt. Beide Male also wird ein
und derselbe Gedanke durch ein dem Schatze der griechischen
Sage entlehntes Beispiel erläutert, was noch dazu räumlich
in der Darstellung so sehr überwiegt, dass beinahe das Neben-
werk den Schein des Hauptinteresses bekommt. Wird man
noch daran zweifeln, dass wir es hier nicht mit eigentlichen
Gelegenheitsgedichten in dem Sinne, wie wir sie im Eingange
der Abhandlung characterisirt haben, sondern vielmehr mit
Studien des Dichters zu thun haben? mit Studien, die wahrscheinlich angelehnt an griechische Vorbilder an sich kaum
eine besondere Bedeutung haben können, aber für uns dadurch interessant werden, dass sie sowohl Zeugniss geben
von der Bemühung des Dichters, mit seinen Vorbildern um

den Preis zu ringen, als auch hauptsächlich einen bedeutungsvollen Einblick in seine künstlerische Entwickelung zu ge-
statten vermögen. Leicht unterscheidet man die verschiedenen
Stufen, die durch diese beiden Gedichte repräsentirt werden.
Die Epode, voll und feurig, wie ihr Ausdruck ist, kenn-
zeichnet sie den jugendlichen Dichter; er hat sich, worauf viele
Einzelheiten der Darstellung hinweisen, noch nicht frei gemacht
von dem Einflusse seiner Muster. Ohne viele Mühe würden
wir das Gedicht in das Griechische zurückübersetzen können.
In der Ode dagegen ist der Ausdruck einfacher und gewiss
mehr dem Horaz gehörig. Das deutet ebenso wie die grössere
Concentration des Hauptgedankens und die gelungenere Durchführung der inneren Anlage, wobei der Dichter freilich unterstützt wurde durch die Wahl eines bequemeren Versmaasses,
klar genug auf eine gereiftere Stufe seiner Poesie hin. Der
äussere Rahmen ist derselbe geblieben: beide Gedichte
haben nicht nur den gleichen Umfang von je 18
Versen, sondern auch den gleichen zweitheiligen
Bau, ausgedrückt durch die Formel: $6^{1}/_{2} + ^{1}/_{2} 11$, obgleich
der Abhub der beiden Theile weniger fühlbar in der Epode
als in der Ode ist. Vielleicht scheint uns das ein Vorzug;
in den Augen des Horaz war es — das zeigt die Analyse
seiner Gedichte — ein Mangel der Form. Damit uns endlich
gar kein Zweifel darüber bleibe, dass zwischen diesen beiden
Gedichten ein ähnliches Verhältniss wie zwischen Ode I, 5
und I, 34 obwalte, d. h. dass das eine so zu sagen nach
dem Schema des anderen gefertigt sei, so findet sich hier,
nicht weniger auffällig, wie dort das anaphorische *qui — qui*,
quo — quo v. 9 und 10 steht, genau dieselbe Hauptwendung
v. 10 in beiden Gedichten: I, 7b *sic tristes adfatus amicos*,
parallel dem *levare diris pectora sollicitudinibus* der Epode.
Und nicht weniger vernehmbar klingt das *certo subtemine
Parcae* v. 15 der Epode wieder in dem *certus enim promisit
Apollo* v. 14 der Ode. Nach diesen Auseinandersetzungen
kehren wir dahin zurück, wovon wir ausgegangen sind. Die

Frage, ob wir ein Recht haben, den Eingang der siebenten
Ode für sich zu betrachten, ist gelöst auf einem anderen
Wege, als der Leser vielleicht erwartet hat. Nachdem sich
der letzte Theil in ganz unzweifelhafter Weise als ein regel-
rechtes Gedicht erwiesen hat, sind wir gezwungen, mit derselben Voraussetzung an den ersten heran zu gehen. Es
kann nicht ausbleiben, dass im Fortgange der Untersuchung
neue Beweise für die Trennung beider Gedichte geltend gemacht werden können. Das ist der beste Beweis überhaupt
für die Wahrheit, dass eben ihre Vertheidigung ganz uner-
schöpflich ist. Was zunächst die Idee der neugewonnenen
Ode 1, 7ᵃ angeht, so ist soviel schon aus der gewählten Ueberschrift klar, dass es dem Dichter darum zu thun war, im
Gegensatz zu einer Reihe von anderen berühmten Städten,
die uns theilweise als die Zielpunkte römischer Touristen be-
kannt sind, sein reizendes Tibur zu feiern. Man weiss, wie
gern Horaz dort verweilte, und dass dem Wanderer noch heute
im Kloster St. Antonio bei Tivoli am rechten Ufer des Anio
die Ruinen eines Hauses gezeigt werden, welches die Tradition, freilich mit Unrecht, für das des Dichters hält. Die
wildschönen Ufer des Anio, der an Subiaco und Tibur vor-
über das Bett des Tiber sucht, waren zur Zeit des Dichters
ganz mit Villen bedeckt und wurden überragt von schattigen
Hainen, deren der jüngere Plinius, übereinstimmend mit Horaz,
Erwähnung thut. Die Gewässer sind geblieben, von denen
Horaz sagt, dass sie Tibur befruchteten, aber jene dichten
Wälder in der Nähe sind nach dem Bericht der Reisenden
nicht mehr da. Auch der Hain des am Wassersturz des Anio
verehrten Tiburnus, von dem uns berichtet wird, dass er
der Gründer von Tibur, vielleicht gar, wie die Mythologen
meinen, der göttlich verehrte Stromgott Anio, der bekanntlich jetzt allgemein Teverone heisst, selbst gewesen sei, —
er und die hallende Grotte (denn eine Grotte und nicht
einen Tempel wird man unter *domus* zu verstehen haben)
der weissagenden Sibylla Albunea sind sammt jenen im Liede

gefeierten Obstgärten, „bewässert von hinrinnenden Bächlein",
spurlos verschwunden, und nichts ist von Horaz dort übrig
geblieben als die Wasserfälle um Tivoli herum, deren Ge-
murmel, wie ein französischer Reisender schön sagt, ein Echo
seiner Verse scheint. [11])

In der That, es hat eine eigene Bewandtniss mit diesen
Versen des Horaz: wie ein nasses Gewand um den Leib
der Göttin, legen sie sich um das Gedicht herum und, folg-
sam jeder Bewegung, bekleiden sie nicht die Gestalt, sondern zeigen uns dieselbe vielmehr, indem sie jede Bewegung
der inneren Form wiederscheinen lassen in den Wendungen
des Ausdrucks. Und doch, scheint es, hat man dem Klange
dieser Verse noch nicht genug gelauscht: wie wäre es sonst
möglich gewesen, Verse wie:

> **Albus** ut obscuro deterget nubila caelo
> saepe notus neque parturit imbres
> perpetuo, sic tu sapiens finire memento
> tristitiam vitaeque labores
> 5 molli, Plance, mero, seu te fulgentia signis
> castra tenent seu densa tenebit
> Tiburis umbra tui. **Teucer** Salamina patremque
> cum fugeret, tamen uda Lyaeo
> tempora populea fertur vinxisse corona,
> 10 sic tristes adfatus amicos:
> „quo nos cumque feret melior fortuna parente,
> ibimus, o socii comitesque.
> nil desperandum Teucro duce et auspice Teucro:
> certus enim promisit Apollo
> 15 ambiguam tellure nova Salamina futuram.
> o fortes peioraque passi   .
> mecum saepe viri, nunc vino pellite curas:
> cras ingens iterabimus aequor".

nicht unterscheiden zu können von dem Charakter der
Rhythmen, wie sie in Ode I, 7ᵃ herrschen? In I, 7ᵇ ist
der stolze Gang der Daktylen durch Spondeen gedämpft,
entsprechend der gedrückten Stimmung des Plancus, den

der Dichter aufzurichten bestrebt ist. Wie ist es möglich,
frage ich, damit den feierlich rauschenden Rhythmus zu ver-
wechseln des Preisliedes von Tibur?

> **Laudabunt** alii claram Rhodon, aut Mitylenen,
> aut Epheson, bimarisve Corinthi
> moenia, vel Baccho Thebas vel Apolline Delphos
> insignes, aut Thessala Tempe;
> 5 **sunt quibus** unum opus est intactae Palladis arcem
> carmine perpetuo celebrare et
> undique decerptam fronti praeponere olivam;
> **plurimus** in Iunonis honore
> aptum dicet equis Argos ditesque Mycenas.
> 10 **me** neque tam patiens Lacedaemon,
> nec tam Larissae percussit campus opimae,
> quam domus Albuneae resonantis,
> et praeceps Anio, ac Tiburni lucus, et uda
> mobilibus pomaria rivis.

Noch auf einen zweiten Punkt mache ich aufmerksam.
Es ist der verklingende Charakter der Worte *mobilibus pomaria rivis,* der uns zwingt, hier das Ende des Gedichtes
anzunehmen. Die Poesie kennt Halb- und Ganzschlüsse ebenso
wohl, wie die Musik. Den alten Rhetorikern ist diese That-
sache nicht entgangen: sie nennen das letzte Glied einer
vollendeten Periode die *clausula* und verfehlen nicht, die
Sorgfalt zu betonen, die der Dichter darauf zu verwenden
hat. Ist der Ausgang der Rede hart, oder bricht sie auch
nur mit einem Halbschlusse ab, so fühlen wir uns unbefrie-
digt, wir scheiden mit unaufgelösten Dissonanzen. [12] Darum
lehrt Quintilian, der hierin wie in Allem den Griechen gefolgt ist: *non durum sit neque abruptum, quo animi velut re-
spirant ac reficiuntur.* Der Schluss *mobilibus pomaria rivis*
ist nach unserem Urtheile völlig befriedigend und so charakteristisch, dass in beiden Gedichten kein zweiter Vers
dieser Art wieder vorkommt. Auch das zweite Gedicht hat
seinen besonderen Schluss:

> cras ingens iterabimus aequor.

Aber während jene ersten Worte das Wohlgefallen der ent-
zückten Seele des Dichters athmen, welches sie im Hinblick
auf das schöne Tibur empfindet, spricht sich in diesen einfach nur die Unverzagtheit des entschlossenen Teukros aus:

$$\mathring{\eta}\tilde{\omega}\vartheta\varepsilon\nu\ \delta'\ \dot{\alpha}\nu\alpha\beta\dot{\alpha}\nu\tau\varepsilon\varsigma\ \dot{\varepsilon}\nu\mathring{\eta}\sigma\omega\mu\varepsilon\nu\ \varepsilon\mathring{\upsilon}\rho\dot{\varepsilon}\iota\ \pi\dot{\omega}\tau\omega,$$

wie es ähnlich bei Homer heisst.

Es versteht sich von selbst, dass diese Beobachtung über
das Wesen der Schlüsse auch bei dem ersten Gedichte an
Mäcenas, welches wir oben behandelt haben, in Betracht
kommt, aber anstatt uns dahin zurückzuwenden, wollen wir
lieber mit Bezug auf I, 9 bemerken, dass es gleichfalls die
Clausula ist, die in Verbindung mit den Beobachtungen über
die innere Form es wahrscheinlich macht, dass wir auch hier
vielleicht zwei Gedichte statt des einen, jedes von 3 Strophen,
anzunehmen haben. Uebrigens sind wir nicht so glücklich,
diese Annahme, deren innere Wahrscheinlichkeit wir dem
Leser selbst zu erforschen überlassen, durch äussere Beweise
ähnlicher Art, wie wir sie fast zum Ueberfluss bei I, 7 haben,
völlig erhärten zu können. [13])

Die Trennung von I, 7a und I, 7b wird, wie ich nachträglich noch bemerken muss, sogar durch die handschriftliche Ueberlieferung bestätigt, die näher erforscht zu haben
ein Verdienst des neuesten Horazherausgebers Keller ist.
Ein Theil guter Handschriften beginnt nämlich genau, wie
oben geschehen ist, mit v. 15 ein neues Gedicht unter aus-
drücklicher Beifügung einer besonderen Ueberschrift. In
diesen Handschriften hat sich die richtige Tradition erhalten,
die der Scholiast Porphyrio vergebens mit den Worten be-
kämpft: *hanc oden quidam putant aliam esse, sed eadem est;
nam et hic ad Plancum loquitur, in cuius honorem et in superiori parte Tibur laudavit.* Die zweite unter dem Namen
des Acro gehende ältere, aber sehr überarbeitete und darum
weniger nutzbare Scholiensammlung dagegen nahm eine Trennung beider Gedichte an, wie sich durch richtige Constitui-

rung des verderbten Textes nachweisen liesse, wenn es anders noch von Belang wäre. Aber es ist nicht mehr von Belang, den Erörterungen gegenüber, die, ununterstützt durch die Combination überlieferter Zeugnisse und ebenso auch unbeeinflusst von den Vermuthungen anderer, wie sie in der That diesmal vorliegen, lediglich unter genauer Beachtung der inneren Form bereits gegeben worden sind. Der Leser erinnert sich, dass ich anstatt der bündigen Beweisführung für die ursprünglich aufgestellte Ansicht mir ausbedungen habe, einmal den Gang darzulegen, den die Untersuchung ursprünglich genommen hat, um zu den Ergebnissen zu gelangen, zu denen sie gelangt ist. Ich müsste fürchten, den Eindruck zu schwächen, den meine Beweise gehabt haben, wenn ich noch einmal rückwärts gehend alles erörtern wollte, was sich ausserdem noch für diese Ansicht geltend machen lässt und wirklich, wie gesagt, vereinzelt geltend gemacht worden ist. Dagegen dürfte es an der Zeit sein zu sagen, warum ich das Gedicht I, 7ᵃ ein Seitenstück, gleichsam eine Vorstudie zur Widmungsode genannt habe. Offenbar zunächst des gleichartigen Inhalts wegen. Ode I, 1 lautet: „Die einen treiben dies, die andern das im Leben; mein Beruf ist die Poesie." Und· Ode I, 7ᵃ lautet: „Die einen rühmen diesen, die andern jenen schönen Punkt der Erde; mein Entzücken ist Tibur." Nothwendig musste diese Gleichartigkeit des Inhalts auch eine verwandte Form beider Gedichte erzeugen. Und während demnach das erste Gedicht aus vier Perioden besteht, in der Form von zwei Strophenpaaren, verläuft Ode I, 7ᵃ gleichmässig in vier Sätzen, die unter sich in demselben Verhältniss stehen, wie jene vier Perioden des ersten Gedichtes: drei Sätze bilden die Protasis, der vierte bildet die Apodosis. Der Leser bemerkt wohl, dass der Dichter *sunt quibus* erst an zweiter Stelle folgen lässt: er beginnt mit *laudabunt alii*, d. h. mit der Inversion. Mit *sunt quos*, wie Hermann zu I, 1 meinte, würde der Dichter gar nicht haben beginnen können, weil er eingeweiht war in die Vor-

schriften einer künstlerischen Darstellung, die von uns leider
nicht selten bekrittelt wird, ohne dass wir sie recht verstehen. Quintilian bemerkt: *proximam clausulis diligentiam
postulant initia, nam et in haec intentus auditor est.* Daher
hier der Gebrauch einer Figur: die Inversion macht den
Eindruck des unmittelbaren Beginnens aus einer gehobenen
Stimmung heraus. Unserem Gedichte fehlt im Gegensatze
zu I, 1 die Umrahmung der zwei Verse am Anfange und am
Ende, eben weil der gelegentliche Zweck fehlte, der durch
sie hätte ausgedrückt werden können. Ihre Bestimmung war,
wahrscheinlich zugleich mit 1, 7b an Munatius Plancus geschickt zu werden, aber im Gedichte ist diese Bestimmung
nicht ausgedrückt. Lucius Plancus, ein ruheloser und unstä-
ter Charakter, war der berühmte Redner, von welchem Briefe
unter den Ciceronischen sind. Er besass eine Villa in Tibur,
in der vielleicht Horaz selbst gastliche Aufnahme gefunden
hatte; nach einer anderen Ueberlieferung war Plancus sogar
gebürtig aus Tibur. Seine Grabschrift hat man in neuester
Zeit zu Gaëta gefunden. Es ist nicht unwahrscheinlich, dass
beide Gedichte zur selben Zeit geschrieben sind; gewiss gehören sie zu den ältesten Oden des Horaz. Darum nannte
ich I, 7a nicht nur ein Seitenstück, sondern zugleich eine
Vorstudie zu I, 1. Dass sie beides auch wegen der Kunstgewandtheit ist, die sich darin offenbart, bleibt allein noch
zu erweisen übrig.

Was den Bau anlangt, so stehen die beiden ersten Sätze
mit 4+3 Versen gegenüber den beiden letzten Sätzen mit
2+5 Versen, in der Form von 7+7 oder Systema und Anti-
systema. Die Gliederung 4+3+2+5 ist keineswegs, wie
man glauben könnte, zufällig; sie beruht vielmehr auf einer
ganz bestimmten Vorschrift der alten Rhetoriker. Das letzte
Glied ist grösser als das erste, weil das Gedicht nach dem
Ende oder dem Hauptgedanken zu eine steigende Bewegung
nimmt. Mit diesem plötzlichen Anwachsen contrastirt schön
die allmälige Abnahme der Rede. Gerade eine umgekehrte

Gliederung zeigen bei Aeschylus die letzten 14 Verse im
Prologe des Agamemnon, bestehend aus $5+3+2+4$ Versen,
während der ganze Prolog, bestehend aus 38 Versen, mit
Ausschluss der Interjection zerlegt werden muss in $7+14$
$+3+14$ Verse. So sorgfältig waren die alten Autoren im
Aufbau ihrer Dichtungen. Es kann nicht fehlen, dass man auf
diese auffällige Regelmässigkeit der Rede schon aufmerksam
geworden ist, aber zu wirklichen Resultaten haben etwaige
Untersuchungen der Art leider nicht geführt. Es giebt gewisse Dinge, die man ganz sehen muss, um sie überhaupt
zu sehen. Für Horaz speziell gilt es, zunächst eine feste
Grundlage zu schaffen, von wo aus die Betrachtung allein
gelingen kann.

Doch kehren wir zu unserer Ode zurück. Ich sagte, die
14 Verse stehen im Verhältniss von $7+7$ Versen, und zwar
ist alles so genau bemessen, dass nicht einmal der Umstand
als eine Zufälligkeit angesehen werden darf, wenn den in
den ersten 7 Versen genannten acht Oertlichkeiten die gleiche
Zahl vom Dichter entgegengestellt ist in den letzten 7 Versen.
Absichtlich bilden die *uda mobilibus pomaria rivis* den Ab-
schluss des letzten Satzes : als der Höhepunkt der Gegend
um Tibur stehen sie parallel der weltberühmten Tempeschlucht
am Ende des ersten Satzes. Ferner tritt den Pluralen (*alii,
sunt quibus*) in den ersten sieben Versen absichtlich zweimal
der Singular (*plurimus, me*) in den sieben letzten Versen
entgegen, während gleichzeitig dem *laudabunt* das Futurum
dicet und dem *sunt quibus unum opus est* das aoristische *percussit*
entspricht. Aehnlich verhält sich Ode I, 1, 19 *est qui* zu *sunt
quos* v. 3 und *invant* v. 23 zu *iuvat* v. 4. Eigenthümlich und
echt horazisch ist endlich noch die Wendung:

> me neque tam patiens Lacedaemon,
> nec tam Larissae percussit campus opimae —.

Dem Sinne nach will der Dichter sagen: „mich entzücken
solche Städte wie Argos und Mykene, d. h. der Juno heilige

Städte, nicht so sehr als etc." Statt dessen werden zwei
gleichfalls der Juno heilige Städte, aber mit anderem Namen
genannt. Diese Figur kommt viermal bei Horaz vor und wird
von Porphyrio ad sat. II, 2, 48 richtig erläutert. Ihre Beachtung ist auch darum interessant, weil sie allein das Verhältniss richtig verstehen lehrt, worin Ode I, 6 die zweite
und vierte Strophe zu einander stehen. Der Bau dieses Gedichtes ist, wie ich beiläufig bemerke: 4 + 12 + 4.

Meine Beobachtungen über Ode I, 7a, soweit ich sie dar-
legen kann, ohne mich zu sehr in Einzelheiten zu verlieren,
sind zu Ende. Der Erinnerung bedarf es kaum für den Leser,
dass ich trotz aller Kunst der Darstellung den Werth des Gedichtes an sich nicht sehr hoch stelle: es ist eben eine Studie,
wie die beiden vorher behandelten Gedichte auch sind. Dort
waren es die mythologischen Schaustücke, die gewissermassen
den Schein des Hauptinteresses erregten, hier ist es so zu sagen
die stattliche Reihe klingender Namen, so voll und rein ein-
gefügt in den Vers, die den Dichter bei seiner Bearbeitung
gereizt haben. Wir erkennen die grosse Sprachkünstlichkeit
an, welche der Dichter in diesen Studien bekundet, aber
der reine Hauch der Poesie ist es nicht, der über ihnen
schwebt. Dazu kommt, dass offenbar die Symmetrie der
Gedichte der Erfindung einen Anschein von Dürftigkeit giebt,
den wir vielleicht lieber gemieden sähen. Doch genug davon.
Meine Aufgabe ist es, nicht zu kritisiren, sondern zu con-
struiren. Die innere Form der Gedichte ist es, die uns allein
beschäftigt. Wie diese Form zum Ausdruck gelangt ist, dürfen
wir wohl flüchtig andeuten, aber näher darauf einzugehen gestattet der Zweck dieser Blätter nicht. [14])

Der Kreis der Formen, den die Horazische Dichtung beschreibt, ist überhaupt zu gross und mannigfaltig, als dass
er in e i n e r Abhandlung erschöpft werden könnte. Aus dem
aber, was ich gegeben habe, hoffe ich, ist vorläufig wenigstens die Ueberzeugung gewonnen, dass die Theorie, welche
hier bruchstückweise vorgetragen wird, auf sicherer Grund-

lage erbaut und für die richtige Auffassung des Dichters nicht ohne einigen Belang ist. Vielleicht tadelt der Leser die Willkühr in der Auswahl der Beispiele. Freilich habe ich sie willkührlich gewählt — wer hätte ihre Wahl auch bestimmen sollen? Aber gewählt habe ich sie mit Rücksicht auf ihre kurze, fassliche, leicht darlegbare Form, nicht im eigenen Interesse. Erst in den grösseren Gedichten zeigt Horaz die ganze Meisterschaft seiner inneren Form, erst da wird uns recht inne die Gabe, die er besass, die schöne Gabe des Ebenmaasses, ohne welche alle Schöpfungen der Dichter, die grösseren mehr noch als die kleineren, sogleich rettungslos ins wirre Gebiet des Chaos fallen. Erst da aber auch zeigt sich die neue Theorie, wenn wir anders sie so nennen dürfen, in ihrer rechten Bedeutung. Auf der inneren Form beruht der ganze Zauber einer Dichtung; merken kann ihn vielleicht, selbst durch die Menge der Strophen hindurch, der feingebildete Leser, aber er weiss nicht, woher der Zauber kommt; erst die dargelegte Theorie, richtig angewendet, vermag darüber Rechenschaft zu geben, indem sie die Architectonik aufdeckt, die dem Gedichte zu Grunde liegt. Und wie oft werden wir im Anschauen, in der Bewunderung der Schöpfungen des Alterthums nicht gehemmt und aufgehalten, weil wir deren wahre Bedeutung nicht zu verstehen, die Umstände nicht ausfindig zu machen vermögen, unter denen dies oder jenes Werk in die Erscheinung getreten ist und aus deren Bekanntschaft heraus allein die Schwierigkeiten gelöst, die Beziehungen, die das Gedicht hat, erklärt werden können. Rathlos und kopfschüttelnd stehen wir Philologen, deren Aufgabe die Hermeneutik des Alterthums ist, dann solchen Gebilden gegenüber. Wir sind zu nüchtern, um uns durch den Glanz, den der Name eines grossen Schriftstellers auf alle seine Schöpfungen wirft, ohne weiteres enthusiasmiren, zu geübt, um uns durch den Schein des Verständnisses, mit dem der gewöhnliche Leser sich begnügt, dauernd blenden zu lassen; aber werden wir darum, Barbaren gleich,

die Gebilde sofort zerschlagen, weil wir sie nicht zu begreifen vermögen? Diesen Vandalismus hat der Holländer
Hofman-Peerlkamp, sehr zum Nachtheile der Philologie, wie
ich meine, in die Erklärung des Horaz eingeführt. [15]) Man
vergleiche nur z. B. die zweite Ode im ersten Buche seiner
Ausgabe: von den dreizehn Strophen dieses Gedichtes sind
mehr als die Hälfte entweder ganz oder doch zum Theil gestrichen. Das Gedicht ist zertrümmert und für die richtige
Auffassung ist nicht nur nichts gewonnen, sondern wir sind
weiter denn je von ihr entfernt. Wie wenn die Architectonik
im Stande wäre, uns Aufschluss über die Bedeutung dieser
Gedichte zu geben? Ich habe gelegentlich gesagt, dass das
zweite Gedicht am längsten dem Versuche der Gliederung
widerstanden habe. Diese Bemerkung darf nicht auf den
Weg geworfen sein; man erlaube mir darum mit diesem Gedichte die Erörterungen fortzusetzen, wozu uns die Betrachtung der inneren Form der Horazischen Poesie geführt hat.
Die Behandlung dieser Ode ist in doppelter Hinsicht wichtig.
Sie vermag vielleicht Antwort zu geben auf die eben gestellte
Frage, und indem sie zum ersten Male die richtige Auffassung, wie wir hoffen, dieser schwierigen Ode bringt, wird
sie, weil sie benöthigt ist, zugleich auf andere Gedichte ver-
gleichend hinzuweisen, ein Beispiel aufstellen, welchem folgend der Leser von da an seinen eigenen Weg in der Erklärung des Horaz gehen kann, so zwar dass er überall vor
dem Versuche, den Inhalt der Gedichte sich völlig anzu-
eignen, bemüht ist, die innere Form zu erspähen, die dem
Ausdrucke zu Grunde liegt.

Wie werden wir die schwierige Aufgabe anfassen, um
sie so kurz als möglich zu lösen und doch dem Leser mehr
als bloss Resultate zu geben? Immer ist die Vergleichung
der Gedichte unter einander der sicherste Weg, von wo man
ausgeht. Auffällig ist in Ode I, 2; Ode I, 12 und Ode IV, 4
das gleiche Eingreifen der parenthetischen Schilderung,
dreimal an derselben Stelle und in derselben Ausdehnung:

I, 2, 7—12 *omne cum Proteus — dammae;* I, 12, 7—12
unde vocalem — quercus; IV, 4, 7—12 *vernisque iam nimbis
— pugnae.* In allen drei Gedichten wird nach dieser Unter-
brechung durch je sechs Verse, die nach der Absicht des
Dichters Schatten zum Lichte oder Bilder zu den Gedanken
liefern sollen, mit v. 13 der in v. 1—6 enthaltene Hauptgedanke gleichmässig weitergeführt: IV, 4, 13 knüpft *qua-
lemve* an *qualem* v. 1, und I, 12, 13 *quid prius* an *quem virum*
v. 1 an. Ebenso ist I, 2, 13 der mit *vidimus* beginnende Gedanke nur die Fortsetzung des Anfanges *iam satis — questae.*
Es war ein arges Missverständniss der Interpreten, gerade
an diesen Versen Anstoss zu nehmen. Wie wäre es dem
Dichter anders möglich, die immer gleiche Reihe wirksam
zu beleben, wenn er es nicht durch den getragenen Haupt-
ton und das Abstehende in der Darstellung thun sollte? Schon
alte Techniker bemerken richtig, dass auf solchen Bildern
und Gleichnissen das Anmuthige des poetischen Stils beruhe,
während die Kraft in den Gedanken zum Ausdruck gelangen
muss. Entnommen werden diese Beschreibungen entweder der
Mythologie oder der Geschichte oder der Natur der Sache
selbst, wie der Leser bei Ode I, 1 *metaque fervidis — evehit
ad deos* zu sehen Gelegenheit hatte. [16]) Das Bild in Ode I, 2,
um die es sich handelt, ist der mythischen Geschichte ent-
lehnt:

> omne cum Proteus pecus egit altos
> visere montes,
>
> piscium et summa genus haesit ulmo,
> nota quae sedes fuerat columbis,
> et superiecto pavidae natarunt
> aequore dammae.

Aus der Technik der Odendichtung also erklären sich diese
Verse vollständig. Und doch fragt Peerlkamp: *Horatii esse
dicamus querentem e fabulis mulierculam, pastorem Proteum
cum phocis, pisces in ulmo, natantes in aequore dammas?* Er

fügt hinzu: *tam ridiculam miserrimae rei imaginem ne scho-
liastae quidem ferre potuerunt*, angebend, dass Porphyrio,
gleichsam den Dichter entschuldigend, gemeint hat, solche
Uebertreibungen liesse man den lyrischen Dichtern hingehen.
Freilich werden wir mit Peerlkamp diese Entschuldigung nicht
zu billigen vermögen, aber wir zerschlagen darum das Gebild
nicht, ehe wir noch uns Mühe gegeben haben, es zu verstehen, wie er gethan hat, indem er die sechs Verse streicht,
weil er findet, dass sie sonderbar klingen im Munde des
Horaz. Macht es denn keinen Unterschied, ob der Dichter
selbst spricht, oder ob er, wie hier geschieht, seine Empfindungen fremden Personen in den Mund legt? Gerade dies
letztere übersehen zu haben, ist der Hauptmangel der bisherigen Erklärung dieser Ode. Die Ueberschrift unseres Gedichtes muss lauten: **Gesang der heiligen Jungfrauen,**
mit der richtigen, schon von den alten Commentatoren ge-
troffenen Nebenbestimmung: *in honorem Augusti Caesaris ultoris.*
Der klägliche Ton und die richtig bemerkte Uebertreibung
im Ausdruck stimmen mit dem Charakter der das Gedicht
vortragenden Personen überein. Man erinnere sich nur, wie
Aeschylus in den „Sieben gegen Theben" die Jungfrauen,
die Mutterkinder, μητέρων τεθραμμέναι, wie er sie nennt,
jämmerlich klagen lässt: *reddere personae scit convenientia cui-
que,* ebenso wie Horaz. Man würde es nicht ohne Grund
lächerlich finden müssen, wenn der aufgeklärte Dichter, in
seiner Besorgniss um den Staat, so abergläubisch selbst sich
berufen hätte auf das Zeitalter der Pyrrha und die uner-
hörten Wunderdinge einer mythischen Vorwelt; aber wird
man mit Grund die Vestalinnen tadeln um der Gläubigkeit,
dieses liebenswürdigen Vorzuges ihres Geschlechtes willen?
Auf die Auffassung, dass die Ode ein Gesang der Vestalinnen
sei, leitet uns die Einsicht in ihre Composition. Der Bau
ist ein dreitheiliger, in der Form von Proode v. 1—24,
Mesode v. 25—28 und Epode v. 29—52. Um die kurze
Mesode herum, welche die Function hat, die Tendenz des

Gedichtes zu coustatiren, lagern sich Proode und Epode so, dass von diesen beiden unter sich gleichen Theilen der erste analytische Theil die Begründung enthält, während der zweite die Ausführung oder Synthesis des Gedichtes bringt. Ausser dem gleichen Umfange der beiden die Mesode umgebenden Theile — 24+4+24 ist die Formel für den Bau — ist zu beachten die Gleichartigkeit der mit Rücksicht auf die Mesode gearbeiteten Gliederung der Ode und Epode. Die Formel dafür lautet:

$$12+8+4+4+4+8+12.$$

Man sieht leicht, dass die Gliederung hier mehr als der Bau zu bedeuten hat. Das Gedicht ist gleichsam von innen heraus gebaut, wie die Paläste von Florenz, schlicht und einfach im Aeusseren, aber imposant durch das vollendete Ebenmaass ihrer gigantischen Verhältnisse. Noch ein Moment kommt hinzu, das uns klar macht, warum die beiden Theile des Gedichtes, die Proode mit fallender, die Epode mit aufsteigender Gliederung, so fest und straff sich um den einen, kleinen Mittelpunkt schliessen. Die Ode ist vorgetragen worden von Halbchören.

Halbchor A. v. 1 — 6.	Halbchor B. v. 7 — 12.
„ „ v. 13 — 16.	„ „ v. 17 — 20.
„ „ v. 21 — 22.	„ „ v. 23 — 24.
Gesammtchor: v. 25 — 28.	
Halbchor B. v. 29 — 32.	Halbchor A. v. 33 — 36.
„ „ v. 37 — 40.	„ „ v. 41 — 44.
Gesammtchor: v. 45 — 52.	

Für die erste Hälfte hat der Dichter selbst durch eine besondere Nebengliederung die vorgenommene Vertheilung deutlich gemacht. Der dreifache Gedanke dieser Hälfte ist:

a) mit Schnee und Hagel hat Jupiter den Erdkreis heimgesucht, mit Blitz und Ungewitter die Städte geschreckt, geschreckt die Völker (*terruit urbes*, *terruit gentes* scheint die richtige Lesart).

— 57 —

b) verheerend wälzte der Tiber seine Wogen, selbst gegen Jupiters Billigung, in der Ilia Namen über Rom hinweg;

c) Bürgerkriege sind entbrannt, und geschwächt ist die Jugend durch der Eltern Schuld.

Die diesem dreifachen Gedanken entsprechende Gliederung nun, ausgedrückt durch die Formel: 12+8+4, zeigt im Gedichte wieder die Nebengliederung: 6+6+4+4+2+2, derzufolge die obige Vertheilung auf Halbchöre geordnet ist. Lag es in der Absicht des Dichters — und wer wollte diese Absicht verkennen? — durch die Schattenwirkung der Verse 7—12, die wir oben schon mit I, 12, 7—12 und IV, 4, 7—12 verglichen, wie nicht minder durch die Verse 17—20 und 23—24, den Lichteffect der drei Hauptgedanken — Unwetter, Ueberfluthung, Krieg — zu steigern und so die Masse des ersten Theils gleichsam rhythmisch noch mehr zu beleben, so gestehen wir, dass ihm jene Absicht durch diese Doppelgliederung trefflich gelungen ist. Aber auch die Mesode v. 25—28 bekommt durch die Art des Vortrages trotz ihrer so sehr geringen Ausdehnung die rechte Bedeutung im Munde des Gesammtchors. Natürlich konnte der Dichter jene Nebengliederung des ersten Theiles nicht auch für den Ausgang des Gedichtes verwenden. Eine so gesuchte Gleichmässigkeit müsste, indem sie die Epode auf eine Linie mit dem ersten Theile stellte, die Wirkung beeinträchtigen, die gerade dieser letzte Theil als der Haupttheil der ganzen Dichtung auf den Hörer machen soll. Wir fanden darin einen Fingerzeig, auch die Vertheilung der Chöre anders als im Eingange zu ordnen. Doch wir brechen hier ab. Es galt, die Tragweite der neuen Theorie an einem grösseren Beispiele zu zeigen: sie hat ihr Licht auf ein schwieriges Gedicht geworfen und eine neue Auffassung angebahnt. Welche Folgerungen sich aus dieser Auffassung weiter ergeben, das bleibt füglich der Erklärung überlassen. Sie sind wichtig genug; sogar der Tag der Aufführung des Gedichtes lässt sich jetzt bestimmen;

es war der 9. Juni 29 v. Chr., am Feste der Vesta. Ebenso
ist es Sache der Erklärung, diese Auffassung durch die Combination äusserer Zeugnisse zu stützen. Wir wissen aus der
Geschichte, dass der 9. Juni, an dem die Vestalia abge-
halten wurden, zugleich der Jahrestag der Niederlage des
Crassus gegen die Parther war, der am 9. Juni 53 v. Chr. fiel.
Jetzt wird uns die Beziehung klar, welche die letzten Worte
des Gedichtes haben, die verglichen werden müssen mit dem
Schlusse der Beschreibung, die Ovid Fast. VI, 249 — 468 von
der Vestafeier giebt, um ausser allem Zweifel zu sein, dass
der rechte Weg der Erklärung betreten ist. Und je umsich-
tiger wir auf ihm weiter gehen, je voller wird sich das Verständniss der ganzen Dichtung erschliessen. Man muss sich
nur geneigt zeigen, die Einzelheiten begreifen zu wollen,
anstatt, wie Peerlkamp gethan hat, sie zu bekritteln, dann
fällt von dem Lichte, das dem Ganzen leuchtet, auch ein
Strahl auf sie.

Verglichen mit dieser zweiten Ode muss Ode I, 12 werden. Buttmann hat sie eins der schönsten und erhabensten
Gedichte des Horaz genannt. Peerlkamp und seine Anhänger
sind anderer Meinung. Sie finden wässerige und geschmack-
lose Strophen darin, die zum Vortheile der Einheit des Gedichtes ausgeschieden werden müssten. Entgegenkommend
dieser Richtung glaubte Bernays, die Schwierigkeiten durch
eine neue Auffassung heben zu können, indem er einen Dialog
zwischen Dichter und Muse anzunehmen vorschlug, so zwar
dass die drei ersten Strophen die Anrede des Dichters enthalten, während der übrige Theil des Gedichtes als Antwort
der Clio zufällt. Dabei ist nur sonderbar v. 39 *gratus insigni referam camena* im Munde der Muse. Die Clio kann
unmöglich ihr Geschlecht vergessen haben: der Irrthum
kommt auf die Rechnung eines Interpolators! Bernhardy hält
unser Gedicht für eine Nachbildung der altrömischen Sitte,
das Andenken verdienter Männer der Vorzeit bei Gastmählern
zu feiern, eine Ansicht, die Lübker zu begründen sucht,

ohne dass für das Verständniss der Dichtung selbst daraus
ein besonderer Vortheil erwüchse. Meine Auffassung ist folgende: Bau fünftheilig: $12 + 12 + 12 + 12 + 12$ Verse, in der
Form von:

Strophe α v. 1 — 12.   Strophe β v. 13 — 24.

Antistrophe α v. 25 — 36.   Antistrophe β v. 37 — 48.

· Epode v. 49 — 60.

Wohl darf man behaupten, dass die Schönheit der architectonischen Form dieser Ode einfach in der Zweckmässig-
keit ihrer in fünf Ordnungen übereinander stehenden Theile
liegt. Es sind Theile von gleichem Umfange — je drei Strophen
bilden ein kleines Ganzes, wie Lübker schon beobachtet
hatte —, kein Theil überwiegt, aber der letzte steht für sich
allein, in ihm spricht sich die Tendenz des Gedichtes aus.
Ueberschrift: **Lobgesang der Götter und Menschen.**
Am Feste des grossen Jupiter für das Wohl des Kaisers. Das Fest des grossen
Jupiter wurde gefeiert an den Iden des Januar; cf. Ovid Fast. I,
587 — 616. Eben jener Tag war zugleich der Erinnerungs-
tag an die Verleihung des Namens Augustus, welchen Oc-
tavian im Jahre 727 a. u. c. oder 27 v. Chr. bekam. Er
wurde dadurch aus der Zahl der gewöhnlichen Sterblichen
herausgenommen und, wie Dio Cassius sich ausdrückt, gleichsam für mehr als ein Mensch erklärt. Das Andenken an diese
Namensverleihung wurde, wie wir aus den Calendarien wissen,
am Feste des grossen Jupiter begangen. Jupiter galt als das
ideale Oberhaupt des römischen Staates; als sein Stellver-
treter auf Erden galt der Kaiser. Darauf bezieht sich denn
auch der Schluss der Ode, der die üblichen *vota pro salute
principis* enthält:

Aller Menschheit Vater und Hüter, Kronos'
Sohn, Dir gab das Loos des erhab'nen Cäsars
Obhut: o lass Du als den zweiten herrschen
Neben Dir Cäsar.

> Dieser, mag er Parther, die Rom bedrohn,
> Im Triumph einher, im gerechten, schleppen,
> Oder sitzend fern an dem Rand des Aufgangs
> Serer und Inder:
>
> Nach Dir lenkt er billig den frohen Erdkreis.
> Du lässest Olympos im Donner dröhnen!
> Du sendest zum Hain, zum befleckten, nieder
> Feindliche Blitze.

Auch die *solitae laudes* der vierten Strophe bekommen jetzt, wenn anders meine Vermuthung, die ich mir allerdings vorbehalte, an einer anderen Stelle noch genauer darzulegen, richtig ist, nach vielen vergeblichen Deutungsversuchen endlich Licht und rechte Beziehung. Die Trias der Strophen, zu der diese Worte gehören, lautet vollständig:

> Was vorauf dem Preise kann fei'rn des Vaters
> Ich nach Festbrauch? Menschen und Götter lenkt er,
> Lenket Meer und Land und im Zeitenwechsel
> Ordnet er's Weltall.
>
> Ihm erzeugt nichts grösseres, denn er selbst, wird,
> Nichts, was ihm gleicht, lebt, noch was auf ihn folgte.
> Doch zunächst nach ihm hat die höchsten Ehren
> Pallas erloset.
>
> Kühn im Schlachtenkampf will ich auch Dich nicht schweigen,
> Liber, nicht Dich, Jungfrau, den wilden Thieren
> Furchtbar, und nicht Dich; mit dem sicheren Pfeile
> Schrecklicher Phöbus.

Und wird man fernerhin mit Peerlkamp den Dichter desshalb unbescheiden nennen, weil er v. 39 *insigni referam camena* gebraucht hat? Er meint ja nicht s e i n e Muse, sondern nennt ganz objectiv das ihm übertragene Festlied eine *insignis camena*, ähnlich wie er das *carmen saeculare* Ode IV, 6, 27 ein *decus Dauniae camenae* heisst. Ich übersetze:

> Regulus will ich und die Skauren und, der
> Edles Blut verspritzt hat im Pönerkriege,
> Paullus freudig rühmen im Festgesange
> Und den Fabriz auch.

Ihn und Curius ungepflegten Hauptes
Und Camillus machte gestrenge Armuth
Tüchtig zum Kriegswerk und ererbter Grund mit
    Passendem Heerde.

Aufwächst unvermerkt wie ein Baum im Zeiten-
Schooss Marceller Ruhm, und es strahlt der Julier
Stern vor allen hell, wie der Mond vor den
    Kleineren Lichtern.

Vorgetragen wurde unser Gedicht wahrscheinlich im fünften Jahre nach der Namensverleihung an Augustus, nämlich am 15. Januar — am dritten, nicht am ersten Tage der Festfeier des grossen Jupiter — 731 a. u. c. oder 23 v. Chr., noch vor dem Tode des jungen Marcellus, der in demselben Jahre starb. Er, der designirte Erbe des römischen Kaiserthrons, war das edelste und hoffnungreichste Glied der Familie, die Horaz mit der *gens Iulia* zusammen in der zuletzt erwähnten Strophe feiert.

Es sind nur Andeutungen, die ich über dieses Gedicht zu geben versucht habe, und ebenfalls nur angedeutet mag in dieser Reihenfolge auch der Bau von Ode IV, 4 werden. Der Bau dieser Ode, die recitirt, nicht von Halbchören vorgetragen wurde, wie die beiden andern, ist dreitheilig: 28 + 20 + 28, in der Form von Proode v. 1 — 28, Mesode v. 29 — 48 und Epode v. 49 — 76. Im Uebrigen hat dies Gedicht, dem wir die Ueberschrift: **Das Lob der Neronen** geben, abgesehen von dem gleichen rhythmischen Eingange, auch im Ausdruck viel Uebereinstimmendes mit Ode I, 2 und Ode I, 12, die ihrerseits selbst wieder wegen der gleichen Art des Vortrags, was natürlich Einfluss auf die Gliederung der Theile hat, mit dem *carmen saeculare* verglichen werden müssen.

Ich stehe am Schlusse meiner Abhandlung. Sie ist uns ein Fingerzeig geworden, dass wir die Kunst der Alterthums in noch ganz anderem Lichte betrachten lernen, als wir bis jetzt gewohnt sind. Die innere Form ist die Seele der Dichtung, aber das, was sie ist, vermag sie nur in Verbindung mit der äusseren Form, dem tönenden Leibe, zu sein. Wir begreifen, warum eine Zahl, die selbst die Mitte hält zwischen Geistigem und Sinnlichem, das Abbild dieser Form ist und wundern uns demnach nicht über die verborgene Arithmetik, welche den Gedichten zu Grunde liegt; aber darüber wundern wir uns, dass die aufgestellten Formen eine solche Regelmässigkeit zeigen. Gerade diese Regelmässigkeit weist auf die Meisterschaft hin, welche Horaz in der Technik besessen hat. Er arbeitete eben so sehr mit dem Verstande als mit der Begeisterung. Das ist kein Tadel, sondern ein Lob für den Odendichter.

In wie weit Horaz in der Composition seiner Gedichte den Griechen gefolgt ist, lässt sich nicht mehr feststellen; denn „in der Trümmer Graun schläft Alcäos" und die anderen mit ihm, die Horazens Vorbilder waren. Aber Pindar, „ein lodernd Feuer in Nacht", glänzt hell, und vielleicht mag es gelingen, durch eine besondere Abhandlung über diesen Dichter nachzuweisen, dass seine Oden, die sich gleichfalls durch einen eigenartigen Rhythmus der Composition auszeichnen, vielfach ein Muster für den römischen Dichter waren. Gleich Pindar in der griechischen, steht Horaz, ein Nachahmer wie keine Nachahmer sind, vermöge der Composition seiner Oden unerreicht in der lateinischen Poesie da. [17]) Unter uns hat sich Klopstock, der Wiedererwecker einer wahrhaft deutschen Poesie und ein schöpferischer Genius, wie Horaz selbst, ihm in der innern Form man darf sagen genähert. Er erkannte vor allen Dingen, dass der Widerstreit der Strophenbildung mit der Gedankenbewegung ein Bedingniss aller Odenpoesie ist. Darum verwarf er den Reim. Er verträgt sich nicht mit dem inneren rhythmischen Bau der einzelnen Strophe und verträgt sich noch weniger mit dem inneren architectonischen Bau der ganzen Ode. [18])

Es versteht sich von selbst, dass nicht alle Gedichte im Horaz gleich kunstvoll gebaut sind. Aber überall, mag die innere Form so einfach sein, wie sie will, fördert die Einsicht in die stets nach bewusstem Maasse aufgebaute Architectonik in überraschender Weise das rechte Verständniss der Oden. Nicht selten muss auf Grund der inneren Form von der gebräuchlichen Interpunction, noch öfterer von der bisherigen Auffassung abgegangen werden. Der erste Fall tritt beispielsweise ein Ode III, 18 mit der Ueberschrift: **Die Decembernonen.** Ich interpungire:

> **Faune** Nympharum fugientum amator,
> per meos fines et aprica rura
> lenis incedas abeasque parvis
> aequus alumnis:
>
> 5 **sic** tener pleno cadit haedus anno
> larga nec desunt Veneris sodali
> vina craterae; vetus ara multo
> fumat odore,
>
> ludit herboso pecus omne campo,
> 10 cum tibi nonae redeunt decembres.
> **festus** in pratis vacat otioso
> cum bove pagus;
>
> inter audaces lupus errat agnos;
> spargit agrestes tibi silva frondes;
> 15 gaudet invisam pepulisse fossor
> ter pede terram.

Bau: 4+6+6. Gliederung: $1+3+2\frac{1}{2}+\frac{1}{2}1+1+1+2+1+1+2$. Ueber die vorgenommenen, vielleicht nicht einmal ganz nothwendigen, aber doch sehr wahrscheinlichen Aenderung **sic** statt **si** werde ich in den Noten reden; hier gebe ich statt jeder weiteren Erklärung dieser von Hofmann-Peerlkamp so missverstandenen Ode nur die einfache Uebersetzung noch. Der Leser urtheile selbst, ob die Zusammenordnung der Gedankenglieder eine richtige sei oder nicht.

„Faunus, Du Freund fliehender Nymphen, in mein Gebiet, meine „sonnige Flur mildiglich zieh' ein, zieh' aus huldreich den kleinen „Pfleglingen.

„**So** fällt bei vollem Jahre ein zartes Böcklein und nicht mangelt
„dem Genossen der Venus reichlicher Wein, dem Mischkruge. Der
„bemooste Altar dampft von mannigfaltigem Opfergeruche, es spielt
„auf grasiger Flur das gesammte Vieh, wann zurückkehren deine
„Decembernonen.

„Festlich feiert auf der Wiese der Gau sammt dem ledigen Stiere;
„unter kühnen Lämmern irrt der Wolf; es streut ländliches Laub
„der Wald Dir; froh ist der Pflüger, einmal im Dreitakt zu stam-
„pfen die verhasste Erde. [19])

Einen Beleg für die Veränderung der Auffassung bietet
Ode III, 20. *Carmen obscurum et vix Horatio dignum* lautet
Peerlkamps Urtheil darüber; aber erst die Bearbeitung hat
den Sinn verdunkelt und die Verkennung des einheitlichen
Zusammenhanges der beiden Theile hat zum Missverständniss
geführt. Inhalt: „Horaz schildert den Streit, welchen Pyrrhus
wegen Nearchus, dem er nachstellt, voraussichtlich mit der
Herrin desselben bekommen wird (Stoff), wobei Nearch den
seiner Schönheit wegen vom ganzen Publikum bewunderten
Preisrichter macht (Idee)." Bau der Ode: 6 Verse [mit der
Gliederung 2+2+2] geben das Argument, 10 Verse [mit
der Gliederung 2+6+2] dienen der Ausführung. Vermittelt
sind die beiden Theile (der analytische v. 1—6 und der synthetische v. 7—16) durch die bedeutungsvoll gestellten Worte
grande certamen. Ueberschrift: **Grosser Wettkampf.** Das
kleine (vielleicht durch Soph. Trach. v. 513 sqq. veranlasste)
Gedicht lautet in wortgetreuer Uebersetzung:

„Merkst nicht, welch' Wagstück für Dich, zu entführen, Pyrrhus,
„die Jungen der Gätuler Löwin! Nach hartem Strauss alsbald wirst
„Du, ein zager Räuber, entfliehen, wann durch die hemmenden
„Reihen der Jünglinge hindurch sie dringen wird, zurück den
„schönen Nearchos fordernd;

„ein grosser Wettkampf, ob Dir die Beute zufällt, ob Siegerin jene.
„Und indess Du die schnellen Pfeile hervorholst, diese die schreck-
„lichen Zähne wetzt, steht der Kampfentscheider da, unter den
„nackten Fuss die Palme gelegt, und kühlt im sanften Winde die

„Schulter, umflossen von duftigen Locken, ein Jüngling — das
„Lob geben ihm alle — schön wie Nireus war oder der Geraubte
„vom quellreichen Ida." [20])

Indessen, wie ich ausdrücklich bemerken will, sind auch
die kunstvolleren Formen bei Horaz keineswegs erschöpft:
viel öfter noch, als wir gesehen haben, wirkt, einer Zauberformel gleich, die blosse Ziffergruppirung und ordnet, besser
als jede Erklärung zu thun vermag, die Theile der Gedichte
zusammen. Bei Ode III, 29 lautet die Formel für den Bau
$8+16+24+16$, und für die Gliederung:

$$8+8+8 + 7^1/_2+^1/_2 8^1/_2+^1/_2 7 + 8+8.$$

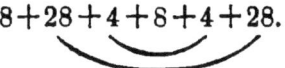

Die acht ausser der symmetrischen Reihe stehenden Verse
bilden den Eingang des Gedichtes. Damit verglichen kann
der Bau von Ode III, 4 werden, nach der Formel:

$$8+28+4+8+4+28.$$

Man weiss, dass dies letzte Gedicht dem Cyclus der sogenannten sechs politischen Oden angehört. Wohl mag man
mit Recht sich wundern, dass selbst diese Gedichte, welche
die Erklärung bis jetzt vergeblich bemüht war unter einen
einheitlichen Gedanken zu bringen, im Einzeln mehr oder weniger den strengen Gesetzen einer regelrechten Composition gehorchen. Freilich ihr Bau würde minder gespalten und die
harmonische Getragenheit der Theile eine grössere sein, ständen nicht die Fülle und der Aufschwung der Gedanken hier
der Ebenmässigkeit der inneren Form entgegen. Die Disposition der ersten Ode des dritten Buches z. B. lautet:

„Hohe Worte wollen reine Herzen. Neue Gesänge sing' ich der
„Jugend.

„Die Könige gebieten über die Völker. Gott gebietet über die
„Könige.

5

„Wohl zeichnen die Menschen unter einander sich aus durch Be-
„sitz, Geburt, Ansehen; aber ein Endschicksal trifft sie alle.

„Der Gottlose hat keinen Frieden, mag er noch so viel aufzu-
„wenden haben, während der arme Landmann glücklich lebt.

„Genügsamkeit schützt vor Bekümmerniss.

„Reichthum gebiert Ueberdruss; von Furcht frei wird er nimmer.

„Kein Besitzthum vermag den Schmerz zu lindern.

„Darum betrachte neidlos das Erdenglück anderer und sei zufrie-
„den mit deinem Geschicke."

Das grossartige, aber unruhige Gedankenpathos dieser
Dichtung erklärt sich aus der gebrauchten Redefigur, der
Antithese, dieser schlagenden Form für die Sentenz. Sie
fordert, wie Rudolph Gottschall in seiner vortrefflichen Poetik sich ausdrückt, eine symmetrische Anordnung der ent-
gegenstehenden Bestimmungen, so dass der Gedanke wie
ein elektrischer Blitz durch eine Voltaische Säule regelmässig gepaarter, polarischer Bestimmungen hindurchzuckt. Ob
die Beachtung dieses Gedankens hinreichend sein wird, die
innere Form unserer Ode zu erklären? Ihr Bau $8+16+16+8$
gliedert sich nach der Formel:

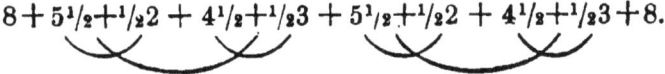

$$8 + 5\tfrac{1}{2}+\tfrac{1}{2}2 + 4\tfrac{1}{2}+\tfrac{1}{2}3 + 5\tfrac{1}{2}+\tfrac{1}{2}2 + 4\tfrac{1}{2}+\tfrac{1}{2}3 + 8.$$

Die Worte der Ueberschrift: **Weise Beschränkung** mah-
nen mich, die Abhandlung zu schliessen: es bleibt dem Leser
überlassen, die Rechnung zu prüfen. Er wird sie richtig
finden, wenn er mit mir der Ansicht ist, dass trotz der
schwächeren Interpunction nach *fundusque mendax* [v. 30]
nothwendig beim Vortrage pausirt werden muss.

Noten und Belege.

¹) pag. 3. Der handschriftlich am besten bezeugten, aber gewiss nicht von Horaz ausgegangenen Lesart: quo *pater* Aeneas, quo Tullus **dives** et Ancus [v. 15] habe ich in der Uebersetzung die Correctur substituirt: quo *prior* Aeneas, quo Tullus *abiit* et Ancus. Cf. epp. I, 6, 27 *ire* tamen restat, Numa quo *devenit* et Ancus. Wegen der Wortstellung cf. a. p. v. 313 quo *sit amore* parens, quo frater *amandus* et hospes. Im Uebrigen vergl. meine „Probe einer neuen Horazrecension." Münster 1863. pag. 40 sqq. Nachträglich habe ich gefunden, dass ausser Peerlkamp auch Withof [kritische Anmerkungen über Horaz und andere Römische Schriftsteller. II. Stück. Düsseld. 1792. p. 18] abivit conjicirt hat. Es verdient bemerkt zu werden, dass Withof für diesen Vorschlag genau dieselben Gründe wie Peerlkamp und ich geltend gemacht hat. Vervollständigt wurde diese Correctur übrigens erst durch die weitere von mir allein aufgestellte Aenderung prior [oder prius]. Cf. Phaed. IV, 19 abiturus illuc, quo *priores* abierunt; Plaut. Trin. 2, 2, 14 quin *prius* me ad plures penetravi? Ausserdem Hor. Od. II, 4, 2 *prius* (= ante te) insolentem serva Briseis niveo colore movit Achillem. Sonderbar genug hat ein Recensent im Lit. Centralb. diesen Zusatz „matt und nichtssagend" gefunden. Zu seiner Entschuldigung darf angeführt werden, dass vormals über Aeschyl. Agam. v. 341 ἔρως δὲ μή τις πρότερον ἐμπίπτῃ στρατῷ ähnlich geurtheilt worden ist. Gerade das Ausdrucksvolle (τό ἠθικόν) der Rede wird am leichtesten missverstanden.

²) pag. 6. Ausser dem Bau freilich ist, wie sich das später zeigen wird, auch die Gliederung der Gedichte ins Auge zu fassen. So lautet z. B. bei Ode I, 4 die Formel für die Gliederung 4+4+4+3+5; wohingegen Ode IV, 4 eine Gedankenbewegung hat, die eigenartig genug der Ziffergruppirung 4+2+2+4+4+2+2+4+4 entspricht. Bei Ode I, 3 lautet die Gliederung: 8+8+8+9+7. Die Art dieser Gliederung erinnert an Ode I, 4. Der letzte Theil entspricht genau dem Ausgange von Ode I, 28, welche gegliedert die Formel zeigt: 6+10+4+9+7. Bedeutsam für alle diese Gedichte ist die Mittelstellung der Idee zwischen zwei gleichen Theilen. Es bedarf kaum der Bemerkung, dass die

gleiche Oekonomie der Gedichte sich sehr oft auch bei unseren Dichtern findet. Man vergleiche die Ode „der Zürchersee" von Klopstock [36+4 +36] oder von eben demselben „der Verwandelte" [20+4+20] oder von Schiller „die Gunst des Augenblicks" [16+4+16]. Die beiden letzten Gedichte können zugleich zum Belege dienen, dass nicht selten die Mittelstrophe es ist, welche das bezeichnende Schlagwort enthält, das zur richtigen Ueberschrift führt. Aus einem besonderen Grunde, auf den der Leser leicht kommt, verdient bei Horaz od. IV, 11 an Phyllis [16+4+16] verglichen zu werden mit Klopstocks Ode an Fanny [20 +4+20]. In der Regel sind es vier einen einheitlichen Gedanken enthaltende Verse, die in der Mitte stehen. In Ode I, 8 steht mit dem Umfange von acht Versen in der Mitte ein Doppelgedanke, welcher, indem er auf die allgemeine Gefühllosigkeit und auf den Frevelsinn seitens der schiffahrttreibenden Menschheit hinweist, ganz geeignet ist, den Kern der Schilderung zu bilden, die der Dichter von der Menschheit giebt, deren titanisches Ringen Horaz in der Stimmung, in welcher er einmal ist, um des geschiedenen Freundes willen so sehr missbilligt. Die Disposition der ersten 24 Verse dieser schwierigen Ode lautet:

— — — So mögen die Götter Dich, o Schiff, gelalten, das Du den Dir anvertrauten Virgil schuldest attischem Lande. Gieb unversehrt, ich bitte Dich, zurück ihn und bewahre meiner Seele Hälfte mir.

Traun ein harter Mann war, wer dem wilden Meere preisgegeben zuerst das gebrechliche Fahrzeug und nicht gebangt hat vor der Elemente Wuth.

Vor welcher Kere Nahen überhaupt kann bangen, wer gefühllos die Schrecken einer Seefahrt hat geschaut? Vergeblich schied ein Gott demnach die Länder, wenn frevelnde Schiffe dennoch auf das Meer sich wagen.

Ich bemerke, dass timuit v. 17 mit dem Scholiasten Porphyrio aoristisch zu fassen ist: es durch das Präsens metuit zu ersetzen, wie ich Probe p. 92 vorschlug, scheint unnöthig. Der Aorist neben dem Perfectum vidit entspricht dem Präsens transiliunt neben abscidit, ähnlich wie I, 7ᵃ das Futurum dicet mit laudabunt, und der Aorist percussit mit dem Praesens est correspondirt.

Als Ueberschrift könnte man vielleicht die Worte wählen: **Menschliche Vermessenheit**, gedichtet als Nachruf an das Schiff, auf dem Virgil nach Athen fuhr. Ob das ein Abschied für immer, ohne Wiedersehen war, den Horaz damals von seinem geliebten Freunde genommen hat? Oder warum bewegen so wunderbare Empfindungen die trauernde Seele des Dichters? Die Ode, eine der subjectivsten im Horaz, beginnt, worauf sic hinweist, so zu sagen mit einer Aposiopese und schliesst, nachdem der letzte Theil lediglich dazu verwendet ist, das

Sündenregister des Menschengeschlechtes zu entfalten — Prometheus
hat das Feuer geraubt, Dädalus schwang in den Aether sich auf, Her-
kules drang in die Unterwelt vor — mit der nackten Aussprache des
Schlimmsten, was überhaupt gesagt werden konnte: „Siehe, alles wagt
die Menschheit, und unser Frevel ist es, der den Zorn der Götter wach
hält." Charakteristisch ist auch, dass der Abreise des Virgil, welche doch
die eigentliche Veranlassung zu diesem Gedichte gab, kaum mit einigen
Worten gedacht wird. Die zarte Freundschaft, welche Horaz für Virgil
hegt, verräth sich deutlich genug in dem Wunsche, dass die Götter das
Schiff beschützen mögen, auf dass es den geliebten Freund glücklich
nach Athen bringe und dem Horaz so — dies ist die herzlichste Stelle im
ganzen Gedichte — die andere Hälfte seiner Seele erhalte; aber der unge-
heure Schmerz, welcher nothwendig die Brust des Dichters bei dieser
Trennung bewegt haben muss — wo wird seiner gedacht? An keiner
Stelle ausdrücklich, und doch ist das ganze Gedicht erfüllt davon. Ohne
ihn würde der Dichter die Dinge nicht in dem Lichte gesehen haben,
in dem er sie sieht. Nicht den Horaz, sondern einen Torquato Tasso
bei Göthe glaubt man reden zu hören, so subjectiv sind die Gedanken
dieser Ode, die allerdings wie keine andere geeignet ist, missverstanden
zu werden. Ergreifend dabei ist der Contrast des gedämpften Anfanges
mit dem überlauten Schlusse. Sonderbar war der Einfall, ich weiss nicht
von wem, aus dieser Ode zwei Gedichte zu machen a) v. 1—8 und b)
v. 9—40. Wenn Rudolph Gottschall in seiner Poetik Breslau 1858 p. 291
unser Gedicht „die einzig titanische Ode des Horaz nennt, wo die Meer-
fahrt des Virgilius im Geiste des Dichters zu einem grossen Bilde der
rastlos strebenden Menschheit erweitert sei", so ist dieser Ausdruck insofern ungenau, als der Dichter hier vielmehr abmahnt von diesem Ti-
tanenthum, nicht etwa wie Göthe im „Prometheus" es zu rechtfertigen
sucht. Zu jener Höhe vermag sich Horaz nicht aufzuschwingen, weil
die Trauer um den geschiedenen Freund ihn drückt. Ob vielleicht dazu
noch etwas anderes kommt? ein politisches Motiv, so dass der Dichter
vielleicht darum gar gesagt hätte:

> neque
> per nostrum patimur scelus
> iracunda Iovem ponere fulmina,

wie er am Schlusse der zweiten Ode mit Rücksicht auf Augustus bemerkt:

> neve te nostris vitiis iniquum
> ocior aura
> Tollat.

³) pag. 17. Die Ueberschrift ist vom Dichter selbst durch die bedeutsam gestellten ·Worte *fatale monstrum* indicirt. Cf. Ode III, 20 mit der Ueberschrift: *grande certamen* oder III, 18: *nonae decembres.*

⁴) pag. 18. Cf. **Probe** pag. 61; R. Gottschall **Poetik** pag. 290; Ludwig Eckardt Vorschule der Aesthetik II pag. 349.

⁵) pag. 23 Es war in der Nacht nach seiner ersten freiwilligen Abdankung, als Napoleon den Versuch machte, sich mit Gift zu tödten. In eine ganz andere Zeit seines Lebens fällt der bekannte Fluchtversuch. Aber dem Dichter stände es frei, wie Horaz auch gethan hat, diese entlegenen Züge unter einem Gesichtspunkte zusammenzufassen. Der französische Biograph, bei dem ich zufällig das Leben Napoleons nachlese, verfehlt nicht zu melden, dass dieser nach dem gescheiterten Fluchtversuche es über sich gebracht habe, *avec un visage calme et serein* das öde Felseneiland zu schauen, wo er sein Leben in der Verbannung beschliessen sollte: *ausa et iacentem visere regiam voltu sereno* sagt Horaz von der Cleopatra. So ähnlich sind oft die Züge, welche die Geschichtschreibung eingegraben findet auf der Lebenstafel grosser Menschen! Wenn aber trotz aller Aehnlichkeiten der Ausgang beider ein verschiedener war, so ist das ein Unterschied, nicht zweier Personen, sondern zweier Zeitalter, den wir erkennen. „Ich hätte sterben können — nichts war leichter für mich; aber ich will ohne Aufhören dem Pfade der Ehre folgen." Und diese Resignation, mit der Napoleon die Scholle von Sanct-Helena betrat, erweckt ganz dieselbe tragische Wehmuth wie der Tod der Cleopatra!

⁶) pag. 24. Offenbar darf man nicht mihi cumque = mihi qualiscumque sum fassen, wie einzelne Erklärer gethan haben; denn das ist unlateinisch; aber es genügt auch nicht cumque schlechtweg mit vocanti zu verbinden in dem Sinne salve mihi quandocumque ·te invoco (etwa wie der Psalmist sagt: in quacunque die invocavero te, velociter exaudi me); denn das giebt einen verkehrten Gedanken, welchen Lachmann durchblickt hat, wenn er fragt: cur lyra alias ei non salveat? Was übrig bleibt, ist die im Texte gegebene Deutung. Die Behauptung Lachmanns: praeterea *cumque* nisi cum relativis coniunctum lingua latina non agnoscit gilt nur von dem angehängten cumque, nicht aber von cumque, wann nur immer es sei, allzeit (nach der Analogie von ubique, wo nur immer es sei, überall) abgekürzt aus cumcunque cf. Lucr. II, 113. Verkannt ist dieser Gebrauch, abgesehen von den Stellen im Lucrez, auch bei Meyer Anth. lat. II. p. 228 nr 1631 v. 7, wo

talia cumque puer domini florentis agelli
imposuit mensae, nude Priape, tuae

statt talia *quinque* zu lesen ist, = solche pflegt, wann immer [er bringt],
zu bringen, i. e. solche pflegt stets zu bringen. Verwechselt mit dem angehängten cumque hat das Wort an dieser Stelle Scioppius, indem er
anmerkt: taliacunque i. e. talia. τὸ cumque παρέλχει.

¹) pag. 27. Der Ode Klopstocks an G i s e k e ist bereits oben pag. 6
gedacht worden: sie hat eine ähnliche architektonische Form wie Ode
II, 17. Ihr Bau, verlaufend in 14+14 Versen, gliedert sich nach der
Formel 6+8+8+6. Die Ode lautet:

> Geh! ich reisse mich los, obgleich die männliche Tugend
> Nicht die Thräne verbeut,
> Geh! ich weine nicht, Freund. Ich müsste mein Leben durchweinen,
> Weint' ich Dir, Giseke, nach!
> 5 Denn so werden sie alle dahingehn, jeder den andern
> Trauernd verlassen und fliehn.
> Also trennet der Tod gewählte Gatten: der Mann kam
> Seufzend im Ocean um,
> Sie am Gestad, wo von Todtengerippt und Scheiter und Meersand
> 10 Stürme das Grab ihr erhöhn,
> So liegt Miltons Gebein von Homers Gebeine gesondert,
> Und der Cypresse verweht
> Ihre Klag' an dem Grabe des Einen und kommt nicht hinüber
> Nach der Anderen Gruft.
> 15 So schrieb unser aller Verhängniss auf eherne Tafeln
> Der im Himmel, und schwieg.
> Was der Hocherhab'ne schrieb, verehr' ich im Staube,
> Weine gen Himmel nicht auf.
> Geh, mein Theurer! Es letzen vielleicht sich unsere Freunde
> 20 Auch ohne Thränen mit dir;
> Wenn nicht Thränen die Seele vergiesst, unweinbar dem Fremdling
> Sanftes edles Gefühls.
> Eile zu Hagedorn hin, und hast Du genung ihn umarmet,
> Ist die erste Begier,
> 25 Euch zu sehen, gestillt, sind alle Thränen der Freude
> Weggelächelt, entflohn,
> Giseke, sag' ihm alsdann, nach drei genossenen Tagen,
> Dass ich ihn liebe, wie Du!

²) pag. 29. „Oberrichterin ist des Gedichts die Sprechung," und so-
mit auch Oberrichterin der Uebersetzung. Was der Dichter dem Ohre
bildete, muss sie bestrebt sein nachzunahmen, sie muss steigen und sin-
ken wie das Gedicht selbst. Der Sprechstil heischt und erträgt eine andere Wortstellung als der Lesestil. Dies ist der Gesichtspunkt, von dem
aus die beigegebenen Uebersetzungen beurtheilt sein wollen. [pag. 29
Zeile 5 lies den Göttern statt zu den Göttern. Wegen der Structur
P r o b e p. 102].

[9]) pag. 31. Vergl. Richter de Horatii metris lyricis I. im Progr. von Recklinghausen. Es wäre wünschenswerth, dass der kundige Verfasser seine Untersuchung recht bald zu Ende führte, oder noch besser eine kleine Monographie über den Gegenstand zum Gebrauche für Schulen veröffentlichte. Denn es thut noth, dass die Jugend bessere Einsicht in die Rhythmen des Horaz gewinnt, als durch die bekannten schemata metrorum ermöglicht wird. Habet autem metrorum inter se ratio summam in cognoscendo voluptatem, qua et veterum sub quacunque lege tradita celeriter comprehendere et multa ipsi aemulante studio nova concipere animo atque informare possimus. [Mar. Victor. III, I, 3 bei Gaisford script. lat. rei metr. pag. 136.]

[10]) pag. 35. Vielleicht darf ich noch hinzufügen, dass in der Strophe ein griechisches Beispiel voran, in der Antistrophe ein griechisches Beispiel zuletzt gestellt ist. Das Vergnügen an der Jagd galt im allgemeinen für unrömisch. cf. Tac. an. II, 56 venatu epulis et quae alia barbari celebrant. Ausserdem Kiessling, anecdota Basilensia I. p. 19, wo weitere Beweise für diese Behauptung aufgebracht sind.

[11]) pag. 45. Cf. J. J. Ampère sur l'histoire romaine à Rome, Revue des deux mondes. tom. LXVI p. 76.

[12]) pag. 46. Cf. L. Eckardt, Vorschule der Aesthetik. II pag. 224.

[13]) pag. 47. Meint man nicht bei I, 9, den leicht hingeworfenen Zügen nach zu urtheilen, dass es in der zweiten Hälfte der Sommer sei, worin sich die Handlung bewege, während in der ersten Hälfte doch ausdrücklich der Winter genannt ist? Auffällig ist nur, dass wir weder in den Handschriften noch bei den Scholiasten irgend eine Notiz finden, die für die vermuthete Trennung spräche.

[14]) pag. 51. Wird man sich philologischerseits entschliessen können, die nachgewiesene Sonderung von I, 7a und I, 7b endlich als ausgemacht gelten zu lassen? Ich meine der Zusammenklang der Beweise nöthigt dazu. Nur um zu verhüten, dass man nicht auf die Autorität des Porphyrio sich berufe, bemerke ich beiläufig noch, dass fast überall, wo dieser Scholiast Gedichte verbindet, vielmehr die Sonderung derselben überliefert und an sich wahrscheinlich ist. Vergl. die Zusammenstellung der Fälle in der ausgezeichneten Doctordissertation von Schweikert de Porph. et Acron. schol. Horat. Monast. 1864. pag. 33. Aehnlich wie über I, 7a und I, 7b urtheilte Porphyrio z. B. über IV, 14 und IV, 15: quidam separant, heisst es zu IV, 15, hanc oden a superiore, sed potest illi iungi, *quoniam et hic laudes dicuntur Augusti.* An Leichtsinn steht diese Bemerkung nicht hinter der zurück, welche Porphyrio zu I, 7b gemacht hat: hanc oden quidam putant aliam esse, sed eadem est; *nam et hic ad Plancum loquitur, in cuius honorem et in superiori*

parte Tibur laudavit. Nachweisbar falsch ist auch die von Porphyrio nicht von Acron, so viel ich sehe — in Schutz genommene Verbindung von Ode III, 2 und Ode III, 3. Darüber ein ander Mal; hier genügte die Andeutung, dass Porphyrio, dessen beliebte Autorität man allenfalls gegen mich vorschützen könnte, in dieser Sache platterdings keinen Glauben verdient. Die Sonderung von I, 7a und I, 7b wird demnach für gewiss gelten dürfen und — das von Meineke und Lachmann entdeckte Vierzeilengesetz erweist sich als eine Täuschung. Bis jetzt stand diesem vermeintlichen Gesetze, welches ich freilich immer für eine Zufälligkeit angesehen habe (cf. Probe pag. 63), von den Epoden abgesehen, bekanntlich nur IV, 8 entgegen, eine Ode, die übrigens, wie schon ihre Bauformel 8+4+8+4+10 zeigt, durchaus für echt überliefert erachtet werden muss. Die Schwierigkeit der Erklärung beruht auf der vom Dichter angewendeten Figur species pro genere: in der Weise, wie er sie hier gebraucht hat, wird sie unverständlich für uns, etwa wie es der modus transeundi für uns ist, dessen sich Horaz I, 20, 9—11 bedient und wovon in dieser Abhandlung pag. 50 am Ende die Rede gewesen ist. Uebrigens räume ich gern ein, dass die Ode IV, 8 allerdings weniger sorgsam vom Dichter ausgeführt ist.

¹⁵) pag. 53. Um Missdeutungen vorzubeugen, darf ich die Bemerkung nicht unterdrücken, dass trotz alledem niemand sich nächst Bentley so verdient um Horaz gemacht hat wie Hofman-Peerlkamp. Er besass Belesenheit, Scharfsinn und Geschmack im Einzelnen, für ein poetisches Ganzes aber mangelte ihm das richtige Verständniss. Daher seine Irrthümer, die man freilich vielfach bemüht ist lieber daraus zu erklären, dass er den Horaz leider idealisirt habe. In dieser Beziehung unterschreibe ich im grossen Ganzen vollständig, was Peerlkamp sagt: Horatium non agnosco nisi in illis ingenii monumentis, quae tam apta et rotunda sunt, ut nihil demere possis, quin elegantiam minuas.

¹⁶) pag. 54. Cf. Rebitté de Hermogene Paris 1845. pag. 92. Ausserdem Probe pag. 91.

¹⁷) pag. 62. Niemand hat richtiger in dieser Hinsicht über Horaz geurtheilt als Petronius in der zu Eingange der Abhandlung mitgetheilten Stelle. Nebenbei bemerke ich, dass zwei Zeilen vor dieser Note statt „Nachahmer, wie keine Nachahmer sind" zu lesen ist „Nachahmer, wie Nachahmer nicht sind." Das Citat gehört Klopstock. „Auf Horazen hält er so viel als Ramler nur je darauf halten kann", heisst es bei Cramer in dessen Buche Klopstock. Frankf. 1777. pag. 65. Der Einfluss des Horaz auf die lyrische Poesie der Deutschen ist so bedeutend, dass es sich wohl der Mühe lohnen dürfte, darüber eine Monographie zu ver-

öffentlichen. Der Anfang dazu ist bereits von Herm. Fritsche in Jahrb. für Philol. Bd. 88 pag. 163 gemacht. Einen Hauptpunkt der Untersuchung bildet natürlich die Vergleichung der Dichter unter einander. Aber nicht einzelne Wendungen, sondern ganze Gedichte müssen zusammengestellt werden, z. B. Hölty's „Mailied" mit Ode I, 4 [„Frühlingslied"] oder Klopstock's „Der Lehrling der Griechen" mit Ode IV, 3 [„Melpomene"] oder „Das Bündniss" mit Ode III, 9 [„Lydia"]. Cf. Lappenberg Briefe von und an Klopstock p. 399, wo der Dichter selbst zu einer solchen Vergleichung auffordert. Dabei muss die innere Form überall mit in Betracht kommen. Klopstock hat, wie bereits angedeutet worden ist, nicht selten gerade hierin mit Horaz gewetteifert:

> Hat auch mit mehr Harmonie Dein Gedicht die Theile vereinet
> Wie das bekämpfte: dann erst bringen Dir alle den Kranz.

Interessant ist in dieser Beziehung die Ode „Der Kamin" [Bau: 16+18 +20+22+10] verglichen mit Horaz Epode 2 „Die Kalenden" [Bau: 8+8+6+6+8+12+12+10]. Auch bei Klopstock lassen sich die Fehler und Vorzüge der Oden theilweise wenigstens auf die innere Form zurückführen. Gleich kunstvoll wie die pag. 71 mitgetheilte Ode an Giseke ist die Ode an Ebert [Bau: 20+10+20+14+6+14]. In der Anordnung erinnert sie an Ode IV, 1 [Bau: 8+4+8+8+4+8]. Dabei versteht sich von selbst, dass man in jener Ode nicht, wie Düntzer neulich gethan, Anführungszeichen v. 67 und v. 80 setzen darf.

¹⁸) pag. 62. Man wundert sich mit Recht darüber, dass Rudolph Gottschall durch den Reim eine volksthümliche Wiedergeburt der Odendichtung glaubte anbahnen zu können. Die absichtlich gelehrte und unvolksthümliche Haltung — odi profanum vulgus et arceo — gehört, mag der geistreiche Theoretiker sagen, was er will, mit zum Wesen dieser Dichtart. Gegen die Anwendung des Reimes spricht sich auch Lehrs aus im lehrreichen Anhange zu De Aristarchi studiis Homericis Lips. 1865 pag. 412. „Man hat gemeint, heisst es dort, diese beiden Principe, der inneren Entwicklung und der Reimverbindung, vereinigen zu können. Alcäische Strophen hörten wir neulich von Gottschall:

> O zage vor dem kühneren Schwunge nicht,
> Der alten Branches sklavische Fessel bricht,
> Der um die Regel, die uns bindet,
> Zartere Blüthen des Reimes windet.

Was ist geschehen? Die Einheit des Baues ist in eine aufdringliche Zweiheit zerrissen, und das ist keine Alcaeische Strophe mehr."

Was den zweiten Punkt, den Gesammtbau der Ode betrifft, so versteht sich von selbst, dass bei Anwendung des Reimes solche Formen, wie wir sie nachgewiesen haben, gar nicht möglich sind. Aber auf diesen architectonischen Verhalt hat man ja überhaupt noch zu wenig geachtet. In Bezug auf die modernen lateinischen Poeten bemerkte ich bereits in meiner Probe p. 61, dass sie wohl Strophen, aber keine Oden zu bilden verstehen. Der Widerstreit der Gedankenbewegung mit der Strophenbildung, in der wir eine charakteristische Eigenthümlichkeit der Odendichtung erkennen, kommt bei diesen Dichtern kaum in Betracht. Sie interpungiren fast nach jeder Strophe und der Character der Vereinzelung tritt so stark hervor, dass ihre Gedichte unerträglich langweilig werden. Die innere Form fehlt — es sind seelenlose Gebilde. Ganz dieselbe Bemerkung hat der feine Kenner der lateinischen Poesie, Lucian Müller, wenn ich mich recht erinnere, in seinem Buche *de re metrica* gemacht.

**) pag. 64. Das handschriftliche si Ode III, 18, 5 wird von den Erklärern meist als die gewöhnliche Bittformel gefasst (sollennis in obtestationibus formula, wie Bentley zu I, 32, 1 sagt) und demgemäss allerdings etwas frei „so gewiss“, „so wahr als“ übersetzt. Acro erklärte es mit *si quidem* unter Verweisung auf Virg Georg. I, 7 vestro si munere wofür Keil mit Unrecht quia vermuthet hat: si steht ja nicht selten ebenso wie quando fast gleichbedeutend mit cum oder quia. Cf. Madvig l. G. § 442 und Serv. ad Aen. V, 64. aut si pro confirmativa aut pro dubitativa est. Was das zu bedeuten hat, lehrt Charisius bei Keil pag. 227, 2: finitivis iungitur si hoc modo, quoties res factas significat, ut apud Ciceronem „si inlustrantur, si erumpunt omnia.“ nec enim dubitat an inlustrentur, sed quia inlustrantur, suadet, ut mutet Catilina mentem. Sic quoque et perfecto iungitur ut apud Virgilium [Aen. VI, 119] „si potuit manes accessere coniugis Orpheus.“ adfirmat enim potuisse. Dazu stimmt die Bemerkung, welche Porphyrio zu „si tener pleno cadit haedus anno“ macht: significat semper se ei anniversarium sacrum haedo facere. Ich kann mich nicht entschliessen, si geradezu für falsch zu erachten: denn ein solches si oder si quidem kann erklärend sogar am Anfange eines selbständigen Satzes stehen. cf. script. hist. Aug. ed. Peter I pag. 149. Hic erga milites tanta fuit censura, ut, cum apud Aegyptum ab eo limitanei vinum peterent, responderit: „Nilum habetis et vinum quaeritis?“ si quidem tanta illius fluminis dulcitudo, ut accolae vina non quaerant. Verglichen damit kann der Gebrauch von quamquam werden, das bekanntlich, obwohl relativisch, selbständig stehen und einen Hauptsatz an das Vorhergehende anknüpfen kann. Aber wahrscheinlicher ist mir doch, dass der Dichter sic = οὕτως oder ἐπὶ τούτοις „darauf hin“, „so“ geschrieben habe. Cf. Od. I, 28, 25. Die Verwechselung von si und sic kommt bekanntlich sehr oft vor. Auch der Abstammung nach sind beide

Wörter nahe verwandt: denn si [das conditionale, jetzt mehr veraltete so im Deutschen] ist offenbar, wie Schoemann [Lehre von den Redetheilen pag. 184] richtig bemerkt, nichts anderes als sic, nur ohne das demonstrative Suffix [cf. Curtius Gr. Etym. I p. 362], weil es in seiner Anwendung als Conditionalconjunction nur als Relativum zu fungiren hat. So unentschieden es trotzdem bleibt, welches von den beiden Wörtern hier vorzuziehen sein mag, so gewiss ist es, dass an einer andern Stelle ursprünglich beide neben einander gestanden haben. Ich meine Ode I, 12, 31, wo die Worte des Porphyrio: pro cum voluere ebenso wie die Varianten der Handschriften quia, quod zuverlässig darauf führen, dass Horaz si sic voluere geschrieben hat. Uebrigens wird der Leser, um wieder auf Ode III, 18 zurückzukommen, nicht ausser Acht lassen, dass die sechs mit „sic tener *pleno* cadit haedus *anno*" beginnenden und bis zu „cum tibi *nonae* redeunt *decembres*" fortgehenden Verse [mit der Gliederung $2\frac{1}{2} + \frac{1}{2}1 + 1 + 1$] den Haupttheil des kleinen Gedichtes ausmachen. Sie enthalten die Beschreibung des religiösen Theiles des Festes, während die folgenden sechs Verse [mit der Gliederung $2+1+1+2$] mehr auf die Festeslust, auf den Antheil sich beziehen, den das Volk und die ganze Natur dabei hat.

[20]) pag. 64. Die Inhaltsangabe von Ode III, 20 muss lauten: „Horaz schildert den Streit, welchen Pyrrhus wegen Nearchus, dem er nachstellt, voraussichtlich mit der Herrin desselben bekommen wird (Stoff), figürlich (i. e. ἀλληγορικῶς oder translate; cf. Quint. VIII, 6, 44 sqq.) ihn als ein grosses Kampfspiel darstellend, wobei Nearch den seiner Schönheit wegen vom ganzen Publicum bewunderten Preisrichter macht (Idee)". Die Annahme, dass das Gedicht eine Allegorie enthalte, beruht auf der missverstandenen Bemerkung des Porphyrio: haec allegorikos ad Pyrrhum sodalem dicuntur, welche genau dasselbe besagen soll wie die gesperrten im Texte ausgefallenen Worte der Inhaltsangabe. Und mit Porphyrio wird Acron ursprünglich übereingestimmt haben: was der Commentar jetzt bietet, ist eine Missdeutung, die vor der Göttling'schen Auffassung [Jena 1864] kaum etwas voraus hat.

Druckfehler.

Seite	6	Zeile 15 von oben lies		kunstvollere
„	27	„ 17 „ unten	„	obenangestellte
„	54	„ 15 „ oben	„	Abstechende
„	61	„ 3 „ unten	„	des
„	63	„ 10 „ „	„	vorgenommene
„	63	„ 9 „ „	„	nothwendige — wahrscheinliche

Münster, gedr. bei Jos. Krick.